무비스님이 풀어 쓴

김시습의 법성게 선해禪解

무비스님이 풀어 쓴
김시습의 법성게 선해禪解

설잠스님 찬撰
무비스님 강설

담앤북스

서문

처음 화엄경인 우주가 상설常說과 변설偏說로 문자가 없는 화엄경을 설하였는데 어떤 보살이 그것을 성문화하여 간략하게 39품의 81권 경으로 만들었습니다.

의상(義湘, 625~702)스님이 그 화엄경을 공부하고는 글이 너무 많아서 번거롭게 생각되어 가장 중요하다고 생각되는 뜻을 간추려 210글자로 표현해 보았습니다. 그리고 약간 부족하다는 생각이 들어서 210글자에 그림을 더하여 보충한 것이 화엄일승법계도華嚴一乘法界圖입니다. 그림이래야 단순한 선을 그으면서 구불구불 여러 바퀴를 돌아가서 끝을 맺는 모양입니다. 어찌 보면 어린아이들의 순박한 장난 같기도 하고, 또 어찌 보면 문명이 고도로 발달한 우주의 어느 별에서 내려온 외계인의 그림 같기도 합니다.

그러나 그 그림과 210자의 글자 속에는 깨달은 사람이 본 우주삼라만상의 바른 이치가 고스란히 표현되어 있습니다. 이 심오하고 불가사의한 부적符籍을 세상에서 제대로 이해하는 사람이 없어

서 천방지축으로 횡설수설하면서 수백 년이 흐르다가 조선 오백
년 중에 가장 뛰어난 천재 매월당梅月堂 김시습金時習 설잠雪岑스님이
드디어 그 부적의 비밀을 풀어놓았습니다. 스님은 특히 기존의 교
학적 해석과는 달리 선사의 안목으로 선리禪理에 맞게 선적인 해석
을 한 것이 특별합니다. 이 귀중한 보물을 발견하고는 그냥 있을
수 없어서 부족하지만 힘을 다해 공부해 보았습니다.

　제가 법성게를 읽으면서 가장 즐겨 소개하는 구절은 우보익생만
허공雨寶益生滿虛空 중생수기득이익衆生隨器得利益이라는 내용입니다.
이 두 구절만으로도 우리 중생들에게 얼마나 많은 깨우침을 주
는지 모릅니다. 실로 우리는 매 순간 무한한 보배를 만나건만 그
릇이 작아서 1만분의 1도 주워 담지 못합니다. 어찌해야 하겠습
니까?

　그동안 화엄경을 강설한다고는 하였으나 제가 어찌 강설하겠습
니까. 다만 공부한다는 마음으로 천착해 보았을 뿐이었습니다. 되
돌아보면 참으로 허물이 적지 않습니다. 이어서 평생의 숙제인 법
성게를 공부해 보고자 하였으나 쉽지 않아서 한국불교전서韓國佛敎
全書에서 설잠스님의 화엄일승법계도주華嚴一乘法界圖註를 얻게 되어
번역하고 또 나름대로 탐색해 보면서 강설을 써서 뜻을 같이하는
학인들과 함께하고자 하여 출간하게 되었습니다.

끝으로 이 강설은 만불사 회주 학성學城스님이 보내 준 자료인 1983년에 김지견 선생이 강의한 내용을 참고하였음을 밝힙니다. 이 자리를 빌려 감사드립니다. 그 외에도 화엄성중들을 비롯하여 수많은 사람들의 도움과 보살핌이 있어서 이 자리에까지 왔습니다. 되돌아보면 하나하나 많은 사람들의 도움으로 이루어지지 않은 것이 없다는 것을 절실하게 느낍니다. 거듭 감사드립니다. 모두들 이 인연으로 화장장엄세계에서 환희로운 삶을 누리시기를 바랍니다.

나무대방광불화엄경
나무대방광불화엄경
나무대방광불화엄경

2018년 10월 1일
신라 화엄종찰 금정산 범어사
如天 無比

차례

법성게 선해禪解

8

9

華嚴一乘法界圖

一 — 微 — 塵 — 中 —
｜　　　無 — 是 —
一　　量　　　｜
｜　　　｜　　遠 — 劫 —
即　　劫　　　｜　　即
｜　　　｜　　量　　｜
多　　九　　　｜　　一
｜　　　｜　　無　　｜
切　　世　　　｜　　如 —
｜　　　｜　　是 —
一　　十　　　　　相 —
｜　　　｜　　互 —
即　　世　　　二　　無 —
｜　　　｜　　｜　　所 —
一　　相 — 諸　智　甚 —
｜　　　｜　　｜　　深 —
一　　　法　證
｜　　　｜　　｜　　絶 —
中 — 多　不　切　寂 —
｜　　　｜　　｜
一　　動　　一
｜　　　｜　　｜
中 — 一 — 成 — 緣 —
　　　本 — 來 —

법계도의 형태는 원래 흰색 바탕에 검은색의 글씨로 게송을 적고, 붉은색의 선이 게송의 진행 방향을 나타내는 것이었는데, 흰색은 물질세계인 기세간器世間, 검은색은 수행의 주체인 중생세간衆生世間, 그리고 붉은색은 깨달음의 세계인 지정각세간智正覺世間을 상징하였다. 최근에는 이 법계도가 다양한 형태로 보급되고 있다.

初—發—心—時—便—正—覺—生—死
成　益—寶—雨—議—思—不—意　涅
別　生　佛—普—賢—大—人　如　槃
隔　滿　十　海—入—能—境　出　常
亂　虛　別　印—三—昧—中　繁　共
雜　空　分—無—然—冥—事—理—和
不　衆—生—隨—器—得—利—益—是
性—法　回—際—本—還—者—行—故
餘　佛　息　盡—寶—莊—嚴—法—界
境　爲　妄　無　隨—家—歸—意　實
妙　名　想　尼　分—得—資　如　寶
不　動　必　羅—陁—隨　以　粮　捉　殿
守　不　不—得—無—緣—善　巧　窮
自　來—舊—床—道—中—際—實—坐

華嚴一乘法界圖

中是劫即一如相無所甚深絕寂緣
塵無遠量無是互二智證切一來成
微量劫九世十世相諸法不動本
一即多切一即一中多切一中

初　發　心　時　便　正　覺　生　死
成　益　寶　雨　議　思　不　意　涅
別　生　佛　普　賢　大　人　如　槃
隔　滿　十　海　入　能　境　出　常
亂　虛　別　印　三　昧　中　繁　共
雜　空　分　無　然　冥　事　理　和
不　眾　生　隨　器　得　利　益　是
性　法　巨　際　本　還　者　行　故
餘　佛　息　盡　寶　莊　嚴　法　界
境　為　妄　無　隨　家　歸　意　實
妙　名　想　尼　分　得　資　如　寶
不　動　必　羅　陀　以　粮　捉　殿
守　不　不　得　無　緣　善　巧　窮
自　來　舊　床　道　中　際　實　坐

法性偈

법성원융무이상   제법부동본래적
法性圓融無二相   諸法不動本來寂

무명무상절일체   증지소지비여경
無名無相絶一切   證智所知非餘境

진성심심극미묘   불수자성수연성
眞性甚深極微妙   不守自性隨緣成

일중일체다중일   일즉일체다즉일
一中一切多中一   一卽一切多卽一

일미진중함시방   일체진중역여시
一微塵中含十方   一切塵中亦如是

무량원겁즉일념   일념즉시무량겁
無量遠劫卽一念   一念卽是無量劫

구세십세호상즉   잉불잡란격별성
九世十世互相卽   仍不雜亂隔別成

초발심시변정각   생사열반상공화
初發心時便正覺   生死涅槃常共和

이사명연무분별 　 십불보현대인경
理事冥然無分別 　 十佛普賢大人境

능입해인삼매중 　 번출여의부사의
能入海印三昧中 　 繁出如意不思議

우보익생만허공 　 중생수기득이익
雨寶益生滿虛空 　 衆生隨器得利益

시고행자환본제 　 파식망상필부득
是故行者還本際 　 叵息妄想必不得

무연선교착여의 　 귀가수분득자량
無緣善巧捉如意 　 歸家隨分得資粮

이다라니무진보 　 장엄법계실보전
以陁羅尼無盡寶 　 莊嚴法界實寶殿

궁좌실제중도상 　 구래부동명위불
窮坐實際中道床 　 舊來不動名爲佛

15

해제

1. 화엄경華嚴經

화엄경은 본래의 이름이 대방광불화엄경大方廣佛華嚴經이다. 크고 바르고 넓은 이치를 깨달은 부처님이 이타적인 보살행으로 세상을 곱고 향기로운 꽃과 같이 살기 좋은 곳으로 평화롭고 아름답게 장엄하는 가르침이라는 뜻이다.

그래서 화엄경의 큰 뜻[大旨]이 먼저 바른 깨달음[正覺]의 눈에 비친 세상과 인생을 밝히고, 다음으로는 보살행으로 모든 중생을 제도하고 교화하자는 내용이다. 이러한 내용을 전통적인 표현 형식을 빌리자면 선명시성정각先明始成正覺하고 후현보살행원後顯菩薩行願이라고 할 수 있다.

부처님이나 보살들이 깨달음의 안목으로 세상을 바라보니 세상은 본래 그대로 온통 원만하고 원융무애하며 완전무결하여 아무런 장애와 거리낄 것이 없는 곳이었다. 그것을 한마디로 사사무애

事事無礙의 세상이라고 표현하였다. 그러므로 화엄경은 어떤 법을 설하든지 시간도 공간도 사물도 보살수행도 중생제도도 모두가 하나하나 걸림이 없고 장애가 없이 원융무애하게 펼쳐 보이고 있다.

그와 같은 내용을 필자는 간략히 정리하여

"아름다워라 세상이여,

환희로워라 인생이여,

아, 이대로가 화장장엄세계요,

이대로가 청정법신 비로자나불인 것을."

이라고 하였다.

그러나 무상심심미묘한 깨달음의 큰 뜻을 그와 같이 주문처럼 짧게 표현하기에는 너무나 아쉬워서 처음에는 10조 9만 5천 48자로 장광설長廣舌로 설하였으나 후인이 간략히 생략하여 소위 약본略本 화엄경인 39품의 81권으로 요약하였다. 그런데 81권의 화엄경도 너무 많다고 여겨져서 신라의 의상스님은 210자로 간추리고, 다시 구불구불한 그림을 더하여 화엄부적華嚴符籍인 법계도法界圖로써 그 방대한 화엄경을 대신하게 된 것이다.

청량스님이 화엄경을 간략하게 소개한 글을 살펴본다.

"화엄경의 설법은 깊고 멀고 아득하며, 너무나 미세해서 숨어 버린

17

듯이 작은 문제들까지도 나누고 쪼개어 분석하였고, 마음의 문제와 그 외의 다른 경계들을 남김없이 환하게 밝혔으며, 일체 존재의 모든 이치를 끝까지 궁구하고, 그 본성을 철저히 다 밝혔으며, 모든 일의 원인과 결과까지를 속속들이 드러냈으며, 태평양 바닷물이 하늘 가득 넘실대듯이 하여, 넓고 크게 모든 것을 다 갖춘 가르침은 오직 대방광불화엄경뿐이로다." [1]라고 하였다.

매우 짧고 간단한 글이지만 세상에서 화엄경을 가장 잘 알고 있는 분의 글이다. 우리는 반드시 이 글 속에서 화엄경을 이해해야 할 것이다.

2. 법계도 法界圖

화엄일승법계도 華嚴一乘法界圖란 신라의 의상스님이 화엄경을 깊이 공부하고 나서 210개의 글자와 여러 개의 네모가 난 그림을 그려서 화엄경에서 밝힌 법계연기 法界緣起의 사상을 서술한 그림 시[圖詩]를 말한다.

---

1) 剖裂玄微하고 昭廓心境하며 窮理盡性하고 徹果該因하며 汪洋沖融하고 廣大悉備者는
其唯大方廣佛華嚴經焉인저.

'법성원융무이상法性圓融無二相'에서 시작하여 '구래부동명위불舊來不動名爲佛'로 끝나는 7언言 30구句의 게송偈頌으로 법계연기사상의 요체를 서술하였는데, 중앙에서부터 시작하여 54번을 굴절시킨 후 다시 중앙에서 끝나는 치밀하게 의도된 비대칭非對稱의 도형이 되도록 하였다.

법계도의 형태는 원래 흰색 바탕에 검은색의 글씨로 게송을 적고, 붉은색의 선이 게송의 진행 방향을 나타내는 것이었는데, 흰색은 물질세계인 기세간器世間, 검은색은 수행의 주체인 중생세간衆生世間, 그리고 붉은색은 깨달음의 세계인 지정각세간智正覺世間을 상징하였다.

이와 같이 깨달음의 경지에 나타난 우주 전체를 드러냈다는 점에서 법계도는 바다에 삼라만상이 도장을 찍은 듯이 다 나타난다는 '해인도海印圖'라고도 한다.

법계도의 형태가 끊임없이 이어지는 모습을 취한 것은 석가모니 부처님의 가르침이 하나의 진리인 것을 상징한 것이고, 많은 굴곡을 둔 것은 중생들의 근기에 따라 가르침의 방편이 달라지는 것을 나타낸 것이다. 또 첫 글자인 '법法'과 끝 글자인 '불佛'의 두 글자는 각기 수행방편의 원인과 결과를 나타낸 것으로서 이 두 글자를 중앙에 둔 것은 인과의 본성이 중도임을 보인 것이다.

법계도의 게송은 진리의 실재를 서술한 '자리행自利行'과 진리의 공덕을 서술한 '이타행利他行'과 그리고 진리를 증득하는 과정을 서술한 '수행'의 세 부분으로 구성되어 있는데, '자리행'에서는 공간적으로 하나의 티끌과 전 우주가 상즉상입相即相入하고[一微塵中含十方], 시간적으로 한순간이 영원과 상통한다[一念即是無量劫]는 화엄경의 사상을 함축적으로 드러내었다. '이타행'에서는 진리를 깨달은 부처님의 공덕이 중생들에게 커다란 이익을 가져온다는 뜻[雨寶益生滿虛空]을 노래하였다. 또 '수행'에서는 수행자가 망상이 본래 없음을 알고 진리를 깨닫는 순간 중생은 본래부터 부처님인 것을 알게 된다[舊來不動名爲佛]고 하였다.

의상스님은 이러한 사상이 방편의 가르침인 삼승과 구별되는 화엄 일승의 절대적 가르침이라고 하였다.

이 법계도는 의상스님이 중국에 유학하여 중국 화엄종 2대 조사인 지엄(智儼, 602~668)스님에게 수학할 때인 668년에 창작되었는데 화엄의 진리에 대하여 서술한 책을 불사른 후 타지 않고 남은 210개의 글자를 가지고 게송을 짓고 법계도를 만들었다는 전설이 있다. 게송의 많은 부분이 지엄스님의 사상에 기초하고 있지만, 중국 화엄학과 달리 '수행'을 중요시하는 의상스님의 사상이 잘 표현되고 있으며, 의상스님은 이 법계도를 매우 중요시하여 제자들에게

법을 전해 주는 인가의 표시로 수여하기도 하였다.

　의상스님의 사상을 이은 신라의 화엄학은 주로 이 법계도에 기초하여 수행하며 법계도의 사상을 심화시키는 방향으로 발전하였다. 의상스님의 문도들이 법계도에 대해 연구한 내용은 『화엄일승법계도기총수록華嚴一乘法界圖記叢髓錄』에 수록되어 있으며, 고려 초의 균여(均如, 923~973)스님은 『일승법계도원통기一乘法界圖圓通記』를 찬술하고, 조선 전기의 설잠스님 김시습은 『화엄일승법계도주華嚴一乘法界圖註』를 찬술하여 '법계도'의 사상을 설명하였다.

　청량스님이 간단하게 설명한 법계法界의 뜻을 살펴보면 아래와 같다.

　"가고 또 오는 것이 끝이 없으나 움직이고 고요함은 그 근원이 하나이다. 온갖 아름답고 미묘한 것을 다 포함하고 있으나 넉넉한 여유가 있고, 언어와 생각을 초월하여 멀리 벗어난 것은 오직 법계法界뿐이로다."

3. 의상(義湘, 625~702)스님

　의상스님은 신라의 스님이다. 속성은 김씨며 19세에 황복사에서 출가하였다. 당나라의 불교가 흥성함을 듣고 650년 원효元曉스님과 함께 중국에 가려고 요동까지 가서, 원효스님은 무덤 사이에서 자다가 해골에 고인 물을 먹고 유심唯心의 도리를 깨달아 돌아오고 의상스님은 당나라에 가서 처음 양주에 있다가 662년 종남산 지상사 지엄스님에게서 현수(賢首, 643~712)스님과 함께 화엄경華嚴經을 연구하였다.

그 무렵 당나라에서 신라의 사신 김흠순金欽純을 옥에 가두고 신라를 침범하려 하자 스님은 670년 본국에 돌아와 그 사실을 보고하였다. 이에 문무왕이 신인종神印宗의 명랑明朗법사를 청하여 기원하여 무사하였다고 한다.

676년에 태백산에 부석사를 창건하였고, 현수스님이 화엄경탐현기華嚴經探玄記를 짓고 부본副本을 보내면서 편지를 보낸 것이 지금까지 유전하고 있다.

또 화엄종의 10찰刹을 짓고 화엄경을 크게 전파하였는데, 삼국유사 의상전교조義湘傳敎條에 수록된 6개 사찰은 ① 태백산의 부석사浮石寺 ② 원주의 비마라사毘摩羅寺 ③ 가야산의 해인사海印寺 ④ 비슬산의 옥천사玉泉寺 ⑤ 금정산의 범어사梵魚寺 ⑥ 남악(南岳 지리산)의 화엄사華嚴寺 등이다.

또 최치원崔致遠이 찬술한 법장화상전法藏和尙傳에 실린 10개 사찰은 ① 중악공산中岳公山의 미리사美理寺 ② 남악 지리산의 화엄사華嚴寺 ③ 북악 부석사浮石寺 ④ 강주康州 가야산 해인사海印寺 및 보광사普光寺 ⑤ 웅주熊州 가야협迦耶峽 보원사普願寺 ⑥ 계룡산 갑사岬寺 ⑦ 양주良州 금정산 범어사梵魚寺 ⑧ 비슬산 옥천사玉泉寺 ⑨ 전주 모산母山 국신사國神寺 ⑩ 한주漢州 빈아산貧兒山 청담사淸潭寺 등 이다.

저서로는 『화엄일승법계도華嚴一乘法界圖』와 『입법계품초기入法界品抄記』와 『대화엄십문간법관大華嚴十門看法觀』과 『백화도량발원문白花道場發願文』 등이 있다.

성덕왕(聖德王, ?~737) 1년에 세수 78세로 입적하였으며 해동 화엄종의 초조初祖로 자리매김한다. 도제로는 오진悟眞스님, 지통智通스님, 표훈表訓스님, 진정眞定스님, 진장眞藏스님, 도융道融스님, 양원良圓스님, 상원相源스님, 능인能仁스님, 의적義寂스님 등이 유명하여 기록으로 남아 있다.

4. 설잠(雪岑, 1435~1493)스님

본관은 강릉 김씨金氏이며 충순위忠順衛를 지낸 김일성金日省의 아들로서 자字는 열경悅卿이며 호는 매월당梅月堂·동봉東峰·벽산청은 碧山淸隱·췌세옹贅世翁. 출가 후 법명은 설잠雪岑이다.

수양대군의 단종端宗에 대한 왕위 찬탈에 불만을 품고 은둔생활을 하다가 출가하여 승려가 되었으며, 벼슬길에 오르지 않았다. 일설에는 그가 사육신死六臣의 시신을 몰래 수습하여 경기도 노량진, 현재의 서울 노량진 사육신공원에 암장했다고 한다.

설잠스님은 조선 오백 년에서 제일가는 천재로 꼽힌다. 5세 때 이미 시문詩文에 뛰어나서 세종대왕의 무릎 위에 앉아 그 귀여움을 독차지했으며, 성장해서는 생육신生六臣의 신분으로 출가하여 비구가 되어 고고孤高하게 일생을 마친, 특별한 삶을 사신 분이다. 1493년 충청도 부여(홍산군) 무량사에서 59세를 일기로 입적入寂하였다. 무량사에는 지금도 스님의 흔적이 많이 남아 있다.

설잠스님의 시문詩文과 파란만장한 생애에 대한 이야기는 무수히 많다. 특히 선문禪文에 능통하여 법성게를 모두 선사의 안목으로 해석한 화엄일승법계도주華嚴一乘法界圖註를 남겼는데 늦게나마 이렇게 소개할 수 있어서 큰 다행이라고 여긴다. 이제 법성게 주해에서 스님의 특별한 견해와 안목을 살펴보기로 하고 끝으로 스님의 시詩 한 수를 소개하여 그의 문학성을 느껴 보기로 한다. 그 외에는 번거로움을 피하여 모두 생략한다.

반륜신월상림초半輪新月上林梢

산사혼종제일고山寺昏鍾第一鼓

청영점이풍로하淸影漸移風露下

일정양기투창요一庭涼氣透窓凹

새로 돋은 반달이 나뭇가지 위에 뜨니
산사의 저녁 종이 울리기 시작하네.
달그림자 아른아른 찬이슬에 젖는데
뜰에 찬 서늘한 기운 창틈으로 스미네.

무비스님이 풀어 쓴
김시습의 법성게 선해禪解

```
一─微─塵─中─含─十  初─發─心─時─便─正─覺  生─死
│                 │                 │    │
一  量─無─是─即  方  成  益─寶─雨─議─思─不  意  涅
│  │       │  │  │  │                 │  │
即  劫  遠─劫  念  一  別  生─佛─普─賢─大─人  如  槃
│  │  │    │  │  │  │  │                 │  │
多  九  量  即  一  切  隔  滿  十─海─入─能─境  出  常
│  │  │  │  │  │  │  │  │              │  │
切  世  無  一  念  塵  亂  虛  別─印─三─昧─中  繁  共
│  │  │  │  │  │  │  │  │              │  │
一  十  是  如  亦  中  雜  空  分─無─然─冥─事  理  和
│  │  │  │  │  │  │  │                 │  │
即  世  互─相─即  仍  不  衆─生─隨─器─得─利  益  是
│  │                 │  │                 │  │
一  相─二─無─融─圓─性  法  叵─際─本─還─者─行  故
│                    │                       │
一  諸─智─所─知─非─餘  佛  息─盡─寶─莊─嚴─法  界
│  │                 │  │                 │  │
中  法  證  甚─性─眞─境  爲  妄  無─隨─家─歸  意  實
│  │  │              │  │  │              │  │
多  不  切  深─極─微─妙  名  想  分─得─資  如  寶
│  │  │              │  │  │  │           │  │
切  動  一─絶─相─無─不  動  必  羅─陁─以─粮  捉  殿
│  │                 │  │                 │  │
一  本─來─寂─無─名─守  不  不─得─無─緣─善  巧  窮
│                    │                       │
中──一─成─緣─隨─性─自  來─舊─床─道─中─際─實─坐
```

1. 법계도法界圖의 서문

대 화 엄 법 계 도 주 병 서
大華嚴法界圖註 并序

청 한 비 추 설 잠 찬
淸寒比蒭 雪岑撰

대화엄大華嚴 법계도法界圖의 주해와 서문

청한비추淸寒比蒭 설잠雪岑 찬撰

의상義湘스님이 대방광불화엄경에서 보인 법계연기의 세계[法界]를 다시 게송과 그림으로 나타낸 것을 설잠雪岑스님이 주해를 내고 그 서문을 쓴 글이다.

청한淸寒이란 맑고 깨끗하여 탐욕이 없으며 가난하고 쓸쓸하다 는 뜻이다.

비추比蒭란 비구比丘를 그렇게도 쓴다. 본래 비구比丘란 범어에서 필추苾蒭 · 픽추煏蒭 · 비호比呼라고도 하는데, 걸사乞士 · 포마怖魔 · 파악破惡 · 제근除饉 · 근사남勤事男이라 번역한다. 남자로서 출가하여 걸식으로 생활하는 승려로 250계를 받아 지니는 이다. 걸사라 함은 비구는 항상 밥을 빌어 깨끗하게 생활하는 것이니, 위로는 법을 빌려 지혜의 목숨을 돕고 아래로는 밥을 빌어 몸을 기른다는 뜻이다. 포마라 함은 비구는 마왕과 마군들을 두렵게 한다는 뜻이다. 파악이라 함은 계戒・정定・혜慧 삼학三學을 닦아서 견혹見惑・사혹思惑을 끊는다는 뜻이다. 제근이라 함은 계행戒行이란 좋은 복전福田이 있어 능히 물자를 내어 인과의 흉년을 제한다는 뜻이다. 근사남이라 함은 계율의 행에 노력하여 부지런하다는 뜻이다.

夫大華嚴의 華藏法界者는 以虛空으로 爲體하고 以法

界로 爲用하며 以遍一切處로 爲佛하고 以緣起法體로 爲

衆會하야 說圓滿修多羅하니라

저 대화엄大華嚴의 화장법계華藏法界라는 것은 허공으로 본체를 삼고, 법계法界로 작용을 삼으며, 일체 처소에 두루 함을 부처님으로 삼고, 연기법緣起法의 자체로서 대중들의 모임을 삼아서 원만한 경을 설한 것이다.

　여기에서 '대화엄'이란 경문이 아무리 많더라도 문자로 된 경전을 말하는 것이 아니고, 저 드넓은 우주법계와 은하계와 일체 삼라만상과 미세한 세포들에 이르기까지 그 안에 존재하는 모든 유정무정과 그것들이 펼쳐 내는 온갖 작용까지를 다 포함하여 '대화엄'이라고 말하는 것이다.

　이 대화엄에 화장장엄법계가 있는데 화장장엄법계는 저 허공으로써 본체를 삼고 허공과 함께 펼쳐진 만유제법인 법계로써 그 작용을 삼는다. 법계란 무엇인가? 청량스님은 이렇게 밝혔다.

　"갔다가 다시 돌아오는 일이 끝이 없으나 움직이고 고요함은 그 근원이 하나로다. 온갖 미묘함을 다 함유하고 있으나 여유가 있고, 말과 생각을 초월하여 멀리 벗어난 것은 오직 법계法界뿐이로다."[2]

　또 대화엄에서의 부처님이란 저 드넓은 우주법계와 은하계와 일체 삼라만상 그 어디에도 두루 하지 않는 곳이 없는 법의 본성품으로 부처님을 삼는다. 물론 그 속에는 2천6백여 년 전 인도 땅에 출

---

2) 往復이 無際나 動靜은 一源이라 含衆妙而有餘하고 超言思而逈出者는 其唯法界歟며.

현하셨던 역사적인 부처님과 법당 안에 계시는 등상불이나 사람 사람들의 가슴 안에 모시고 있는 부처님까지를 다 포함하고 있다.

또 화엄경을 설할 때 모여 온 그 많은 법회청중들은 누구 누구인가. 이 또한 '대화엄'의 입장에서 보면 경전에서 설한 무수한 보살들을 두고 말하는 것이 아니라 일체 존재의 연기법緣起法의 자체로서 대중들의 모임을 삼는다. 한편 경전에서 설한 무수한 보살들이 연기법의 작용을 상징하기도 한다.

연기법이란 우리가 사는 이 지구와 우주와 은하계와 일체 삼라만상과 미세한 세포들에 이르기까지 그 모든 것이 다 같이 연관관계를 맺고 더불어 같이한다는 존재원리다. 즉 일체 존재의 존재원리인 연기법이 곧 화엄법회의 법회청중들이다.

위와 같은 화장법계와 모든 곳에 두루 한 부처님과 연기법으로서 법회청중을 삼아 조금도 결함이 없이 원만하고 완전무결한 경전을 설하게 된 것이다. 실은 특별히 설하는 것이 있어서가 아니라 모든 존재들의 현재 그대로인 것을 두고 깨달음의 눈으로 보아서 "원만한 경전을 설한다."라고 한 것이다.

교   소위 찰 설 진 설   불 설 보 살 설   삼 세 일 시 설
教에 **所謂刹說塵說**과 **佛說菩薩說**과 **三世一時說**이

시 야
是也요

화엄경의 가르침[教]에서 이른바 "국토가 설하고, 티끌이 설하며, 부처님이 설하고, 보살이 설하며, 과거 현재 미래가 일시에 설한다."라고 한 것이 바로 이것이다.

화엄경에는 법을 설하는 분들로서 부처님으로부터 보살과 온갖 선지식이 등장하여 법을 설하고 있지만 광명을 놓으면 그 광명이 설하기도 하고, 광명에 나타난 온갖 사물이 설하기도 하고, 나무나 새들이 설하기도 하고, 누각이 설하기도 하는 등 경전에 등장하는 모든 것이 다 설하는 것으로 되어 있다. 그러나 그것은 문자로 된 경전의 내용이지만 여기에서 말하는 '우주적 대화엄'의 입장에서 보면 국토와 국토가 그대로 설법을 하고, 먼지와 먼지가 그 모습 그대로 설법을 하고, 별들은 별들대로 설법을 하고, 청산은 청산대로 녹수는 녹수대로 이미 그대로 설법을 하고 있는 것이다. 어느 특정한 장소에서 특정한 시간에만 설하는 것이 아니라 과거나 현재나 미래나 언제 어디서나 일시에 다 설하고 있는 것이다. 그래서 화엄

경의 진정한 설법은 시간적으로는 항상 설한다고 하여 상설常說이라 하고, 공간적으로는 어디서나 설한다고 하여 변설徧說이라 한다.

법 계 도 자　이 일 해 인 도　원 섭 무 변 지 교 해　도
法界圖者는 **以一海印圖**로 **圓攝無邊之敎海**하니 **圖**

중　소 위 일 중 일 체 다 중 일　일 즉 일 체 다 즉 일　시 야
中에 **所謂一中一切多中一**과 **一卽一切多卽一**이 **是也**라

법계도法界圖라는 것은 하나의 해인도海印圖로서 무궁하고 무변한 가르침의 바다를 원만하게 포섭한 것이다. 법계도 가운데 이른바 "하나 가운데 일체며 많은 가운데 하나다."라고 한 것과 "하나가 곧 일체며 많은 것이 곧 하나다."라고 한 것이 이것이다.

　법계도를 해인도라고도 부른다. 이 법계도는 너무나 많이 알려져 있어서 사찰에서나 세속에서나 매우 쉽게 볼 수 있는 그림이다. 비록 단순한 그림 한 장이지만 팔만장경을 다 포함하고 있는 화엄경의 가르침을 다시 또 남김없이 다 포함하고 있다.

　마치 작은 먼지 하나 가운데 세계와 우주법계의 모든 정보를 다

지니고 있는 것과 같다. 또한 마치 요즘 컴퓨터나 스마트폰의 손톱만 한 칩 하나에 수만 권의 책과 수만 종류의 음악과 수만 편의 영화 등을 다 지니고 있는 것과 같다. 또한 눈에 보이지도 않는 작은 세포 하나 속에 그 사람의 모든 정보를 다 지니고 있어서 세포 하나로 똑같이 복제하는 것을 가능하게 하는 것과 같다.

그래서 필자는 칩을 볼 때마다 법계도를 연상하게 된다. 생긴 모양도 비슷하다. 그런데 이러한 이치를 화엄경에서는 2천6백여 년 전에 이미 "하나 가운데 일체를 지녔으므로 일체가 곧 하나다."라고 하였으니 얼마나 놀라운 일인가?

또 미생물들이 없는 듯이 보이지만 모든 공간에 꽉 차 있는 것을 오늘날 현미경으로 다 본다. 또 부처님은 "하나의 물방울 안에 8만 4천 마리의 벌레가 있다[吾觀一滴水 八萬四千虫]."고 하였으니 이 또한 얼마나 밝은 깨달음의 현미경인가.

東土에 義湘法師가 始製此圖는 表三世間十法界의

莊嚴無盡之義하야 以牖冥蒙이어늘

동토東土의 의상법사가 처음 이 그림을 만든 것은 삼세간三世間과 십법계十法界의 장엄하고 다함이 없는 뜻을 나타내어 몽매蒙昧한 사람을 인도引導한 것이다.

신라의 의상법사가 우리가 살고 있는 국토, 즉 기세간器世間과 일체 중생들이 사는 중생세간衆生世間과 모든 부처님들이 사는 지정각세간智正覺世間과 또 지옥·아귀·축생·아수라·인간·천상·성문·연각·보살·부처님까지의 십법계十法界를 잘 나타내어 무지몽매한 중생들을 깨우친 것은 이 그림보다 더 나은 것이 없다.

그래서 돌아가신 사람들을 천도할 때 수차에 걸쳐 부처님께 공양을 올리고, 또한 온갖 염불로써 깨우쳐 드리고, 유족들이 망자亡者를 대신해서 복을 지어 드리다가도 마지막 49재에 이르러 전송할 때는 반드시 이 법계도를 돌며 법성게를 독송하여 천도해 드린다. 즉 돌아가신 분을 천도해 드리는 데 가장 단위가 높은 법을 사용한다는 뜻이다. 이보다 더 높은 법은 없기 때문이다.

전문구학　　중연유포　　변기녹초　　변만세간
專門舊學이 **重演流布**하야 **辨記錄鈔**가 **遍滿世間**하니

^{탄 생 왕 자　이 위 서 인 의}
誕生王子나 已爲庶人矣로다

　전문專門의 구학舊學이 거듭 부연敷演하고 유포流布하여 변기辨記
와 녹초錄鈔가 세간에 두루 가득하게 되었으니, 왕자王子로 탄생
하였으나 이미 서인庶人이 된 것이다.

　이 법계도와 법성게를 풀이하고 설명하고 강설한 글들이 설잠스
님 때까지만 해도 세상에는 가득하였다. 그리고 오늘날 한글로 풀
이한 책만 하더라도 수십 종이 되며, 또한 불교를 언급하는 사람
치고 이 법성게를 설명하지 않는 사람이 없다. 참으로 어렵고도 귀
한 것인데 너도나도 아무나 그리고 아무렇게나 설명하다 보니 본
래의 뜻을 흐려 놓은 것이 예컨대 처음에는 왕자로 태어났으나 이
제는 어디서나 만날 수 있는 서민이 되고 만 것과 같은 격이다.

원부화장지계　본무사자한량　화엄지불　역
原夫華藏之界는 本無些子限量하고 華嚴之佛도 亦

무사자설법　단거무사전지　농타무사활계이
無些子說法이라 但居無事田地하야 弄他無事活計而

이
已로대

  대저 화장세계를 궁구해 보면 본래 조그마한 한계나 한량도
없고, 화엄경의 부처님도 또한 조그마한 설법도 없다. 단지 일
없는 땅에 머물러 저 일 없는 살림살이를 농락할 따름이다.

  진정한 화장장엄세계란 한 생각마저 다 사라진 경지이다. 무슨
그 휘황찬란한 경계가 있겠는가. 그렇다면 화엄경에서 설하고 있
는 그 많고 많은 세계들은 무엇인가. 본래 아무런 일 없는 본래의
자리에서 실없이 펼쳐 보이며, 흥겨워서 멋대로 솜씨 있게 마음대로
그려 보이는 일들일 뿐이다.
  또 화엄경의 부처님도 본래 한마디의 말도 설할 것이 없건만 설
할 것이 없는 데서 마음껏 설하여 즐거움을 주고 감동을 주어 대중
들로 하여금 울고 웃게 한 것일 뿐이다.
  화엄경을 읽는 사람들은 모름지기 이와 같은 안목과 이와 같은
자세와 이와 같은 견해로 읽어서 그 어떤 화장장엄세계를 보거나
그 어떤 횡설수설을 읽더라도 이끌리지 말 것이며, 집착하지 말 것
이며, 미혹하지 말아야 하리라.

지연일진정계　　아연회매　　수유일념　　분피분
只緣一眞淨界를 **俄然晦昧**할새 **遂有一念**하야 **分彼分**

아　　피아기립　　취사변기　　재유취사지심　　변성
我 하니 **彼我既立**에 **取捨便起**하고 **才有取捨之心**에 **便成**

십 법 지 계
十法之界라

　다만 하나인 진실한 청정법계[一眞淨界]를 문득 미혹하게 된
탓으로 드디어 한 생각이 있게 되어 상대를 나누고 나를 나누
게 되니 상대와 내가 이미 대립함에 취하고 버림이 바로 일어
나고 겨우 취하고 버리는 마음이 있자마자 곧바로 열 가지의
법계法界가 성립된 것이다.

　망상에 사로잡힌 미혹한 중생들은 부처와 중생이 본래로 평등하
게 갖춘 일진법계一眞法界를 알지 못하여 나와 너를 분별하고 주관
과 객관을 나누어서 나는 취하고 너는 버리며 주관은 취하고 객관
은 버리는 못된 습관이 생기게 되었다. 나아가서 너와 내가 나누어
지므로 네 가지 성인의 경지인 부처님과 보살과 연각과 성문과, 또
여섯 가지 범부의 경지인 지옥과 아귀와 축생과 인간과 천신과 아
수라가 생겨나서 이리 분별하고 저리 취하고 버리는 일로 중생들의

살림살이를 삼게 되었다.

어찌하랴. 이미 우리는 이와 같은 진흙탕 속에서 그것이 사람이 사는 일이라고 여기며 더욱 깊이 빠져들고 있는 것을.

_{어 무 사 중} _{별 연 생 사} _{부 동 지 불} _{동 어 무 동 지}
於無事中에 **瞥然生事**하야 **不動之佛**이 **動於無動之**

_제 _{원 융 지 법} _{석 어 불 이 지 내}
際하고 **圓融之法**이 **柝於不二之內**하니

일이 없는 가운데서 별안간 일을 만들어 움직이지 않는 부처가 움직임이 없는 경계에서 움직이고, 원융한 법이 둘이 아닌 가운데서 쪼개졌도다.

모든 인생사는 본래 일이 없는 데서 문득 일을 만들어 예로부터 움직이지 않고도 본래 부처이건만 움직임이 없는 경계를 움직이게 하고, 원융하여 둘이 없고 분별이 없는 데서 분별을 일으켜 둘로 셋으로 넷으로 끝없이 나누어져서 이와 같은 세상이 펼쳐지게 된 것이다.

즉 중생 지 불　의 업 식 이 출 세　불 지 중 생　매 혜
則衆生之佛은 **依業識以出世**하고 **佛之衆生**은 **昧惠**

신 이 취 사　전 전 상 미　지 우 금 일
身而取捨하야 **轉轉相迷**하야 **至于今日**이라

　중생인 부처는 업식業識에 의지하여 세상에 나오고, 부처인 중생은 지혜의 몸을 망각하고 취사取捨하여 갈수록 길을 잘못 들어 오늘에 이른 것이다.

　부처니 중생이니 하는 것은 본래 하나에서 두 가지 이름을 사용할 뿐이다. 왜 두 가지 이름을 사용하게 되는가. 흔히 업식으로 세상을 활보하면 그것을 중생이라 하고, 하는 일마다 지혜와 자비로 불쌍한 생명을 향한 자비행을 하면 그것을 부처님이라 한다. 그러나 업식으로 세상을 활보하더라도 오롯이 부처라는 사실을 알아야 한다. 부처가 아니고서야 어찌 업식을 작동할 수 있겠는가. 업식을 작동할 수 있는 그가 곧 부처님이다.

소 위 할 구　폐 노 총　맹 인　창 적 호
所謂瞎狗가 **吠蘆叢**에 **盲人**이 **唱賊虎**하니라

이른바 눈먼 개가 갈대숲에 대고 짖으니 맹인盲人은 호랑이나 도적이라고 소리치도다.

눈이 어두운 개나 눈이 먼 사람은 무엇을 뜻하는가. 사람 사람이 본래로부터 지니고 있는 완전무결한 진여불성의 참나를 망각하고 오온과 육근을 자기 자신의 전부라고 여기고 살아가는 어리석고 몽매한 중생들이다.

화엄경 여래출현품에서는 이와 같이 설하였다. "그때에 여래께서 장애가 없는 청정한 지혜의 눈으로 법계에 있는 일체 중생들을 두루 살펴보시고 이렇게 말씀하셨다. '신기하고 신기하여라. 이 모든 중생들이 여래의 지혜를 갖추고 있으면서 어리석고 미혹하여 그 사실을 알지 못하고 보지 못하는구나. 내가 마땅히 성스러운 길[聖道]로써 가르쳐서 그들로 하여금 망상과 집착을 영원히 떠나고 스스로 자신의 몸 안에서 여래의 광대한 지혜가 부처님과 조금도 다르지 않음을 보게 하리라.'"3)

---

3) 爾時如來가 以無障礙淸淨智眼으로 普觀法界一切衆生하고 而作是言하사대 奇哉奇哉라 此諸衆生이 云何具有如來智慧언마는 愚癡迷惑하야 不知不見고 我當敎以聖道하야 令其永離妄想執着하고 自於身中에 得見如來廣大智慧가 與佛無異케호리라하사 即敎彼衆生하야 修習聖道하야 令離妄想하고 離妄想已에 證得如來無量智慧하야 利益安樂一切衆生이니라.

차 대웅   부 득 이 이 설   현 철   부 득 이 이 판   이
此大雄은 **不得已而說**하고 **賢哲**은 **不得已而判**하야 **而**

대 부 삼 십 구 품   소 도 삼 십 구   소 이 출 야
大部三十九品과 **小圖三十句**가 **所以出也**니라

이것이 대웅세존大雄世尊은 마지못해 설하고 현철賢哲은 마지
못해 구별[判]하여 대부大部인 39품品과 작은 그림과 30구句가
나오게 된 까닭이다.

진여불성의 참나를 망각하고 오온과 육근을 자기 자신의 전부
라고 살아가는 어리석은 사람들을 깨우치기 위해서 세존께서는 설
하지 않아도 될 일이나 부득이 그 자리를 드러내려고 39품이라는
큰 화엄경을 설하시고, 다시 의상조사는 작은 그림과 30구절의 게
송을 지어서 화엄일승법계도華嚴一乘法界圖라 하여 세상에 내어놓게
되었다.

30구절의 게송은 앞으로 하나하나 자세하게 설해진다. 화엄경
39품의 이름은 다음과 같다. 39품의 이름만이라도 거듭거듭 읽어
서 익숙하게 하기 위해서 소개하고자 한다.

제1회 법보리도량에서의 여섯 품은 1. 세주묘엄품 2. 여래현상품
3. 보현삼매품 4. 세계성취품 5. 화장세계품 6. 비로자나품.

제2회 보광명전에서의 여섯 품은 7. 여래명호품 8. 사성제품 9. 광명각품 10. 보살문명품 11. 정행품 12. 현수품.

제3회 도리천궁에서의 여섯 품은 13. 승수미산정품 14. 수미정상게찬품 15. 십주품 16. 범행품 17. 초발심공덕품 18. 명법품.

제4회 야마천궁에서의 네 품은 19. 승야마천궁품 20. 야마천궁게찬품 21. 십행품 22. 십무진장품.

제5회 도솔천궁에서의 세 품은 23. 승도솔천궁품 24. 도솔궁중게찬품 25. 십회향품.

제6회 타화자재천궁에서의 한 품은 26. 십지품.

제7회 보광명전에서의 열한 품은 27. 십정품 28. 십통품 29. 십인품 30. 아승지품 31. 여래수량품 32. 보살주처품 33. 불부사의법품 34. 여래십신상해품 35. 여래수호광명공덕품 36. 보현행품 37. 여래출현품.

제8회 보광명전에서의 한 품은 38. 이세간품.

제9회 급고독원에서의 한 품은 39. 입법계품이다.

연　　언　자　심　지　발　야　심　자　언　지　종　야　비　여
然이나 **言者**는 **心之發也**요 **心者**는 **言之宗也**니 **譬如**

太^태和^화之^지氣^기가 本^본無^무形^형聲^성이나 假^가形^형器^기하야 而^이激^격發^발인댄 則^즉爲^위律^율

呂^려하야 圓^원融^융之^지法^법도 本^본無^무名^명相^상이나 假^가言^언句^구하야 而^이演^연說^설하면

則^즉爲^위經^경論^론이라

 그러나 말이란 마음의 드러남이요, 마음이란 말의 근원[宗]
이니, 비유하자면 태화太和의 기운이 본래 형상과 소리가 없으
나 형기刑器를 빌려서 격발激發시키면 율려律呂가 됨과 같이 원
융한 법도 본래 이름과 형상이 없으나 말과 글을 빌려서 연설
하면 경론經論이 되는 것이다.

 모든 말은 마음의 표현이다. 실로 어떤 말 어떤 행위든 다 같이
마음의 표현 아닌 것이 없다. 그러므로 마음은 말과 행위의 근본
뿌리다. 마음이라는 뿌리에서 돋은 싹과 열매가 사람의 말과 행위
이므로 그 싹과 열매를 보고 그 뿌리를 안다.
 태화太和의 기운이란 주역의 대화大和란 말과 같이 음양조화의 기
운이며 우주 생성의 힘이다. 예컨대 처음 우주에는 아득한 먼지만
가득하여 어떤 형상도 존재하지 않았으나 그 먼지들이 하나씩 만

나면서 중력이라는 기운이 형성되어 다시 또 먼지를 끌어들이게 된다. 그 과정에서 육률六律과 육려六呂인 소리가 있게 되었으니 즉 눈의 대상과 귀의 대상이 있게 된 까닭이다. 그리고 그 먼지는 차츰차츰 커지면서 태양이 되고, 지구가 되고, 화성과 금성과 토성 등등 온갖 별들이 형성되게 된 근본 사연이다. 그 지구가 처음에는 불덩어리였으나 오랜 세월이 흐르면서 오늘날과 같은 모습으로 연기緣起하면서 진화해 왔다.

불법이란 세상의 온갖 존재원리를 밝히는 가르침이다. 세상의 온갖 존재원리는 본래 원융하고 무애하여 시비와 선악이 없었는데 사람들의 이해득실과 분별망상으로 말미암아 성인들의 할 일이 생기어 오늘날과 같은 상황이 이루어지게 되었다. 그래서 "원융한 법도 본래 이름과 형상이 없으나 말과 글을 빌려서 연설하면 경론經論이 되는 것이다."라고 하였다.

비 율 려　　무 이 상 태 화　　비 경 론　　무 이 천 원 융
非律呂면 無以像太和하고 非經論이면 無以闡圓融하니

즉 경 론 자　　역 시 원 융 법 성 지 풍 규　　이 삼 세 제 불 지 대
則經論者도 亦是圓融法性之風規며 而三世諸佛之大

45

의 야   내 하 정 법 이 원   불 교 요 리
意也어니와 **奈何正法已遠**에 **佛教澆漓**리오

　율려律呂가 아니면 태화太和를 모양 지을 수 없고 경론經論이
아니면 원융을 나타내지 못하는 것이니, 경론經論이란 것도 또
한 원융한 법성法性을 풍자한 법규[風規]며 삼세 모든 부처님의
대의大意이다. 그러나 어찌하랴. 정법正法이 이미 멀어졌음에 부
처님의 교법이 희미하게[澆漓] 되었음을.

　육률六律과 육려六呂인 소리가 아니면 음양조화의 기운이며 우
주 생성의 힘인 태화太和를 설명할 수가 없고, 경전과 논설이 아니
면 원융한 본래의 이치를 설명할 길이 없다. 그래서 경전과 논설
들은 모두가 원융한 법성法性을 풍자한 법규[風規]가 되며 과거와
미래와 현재의 모든 부처님이 출현하여 중생들을 깨우치고자 하
신 큰 뜻이 된다. 그러나 성인이 가신 때가 멀어짐에 정법의 시대
도 지나가고 사사로운 견해들이 홍수를 이루어 어느 것이 정법이
며 어느 것이 사법인지 그 분별이 흐리멍덩하게 되어 애석하기 이
를 데 없다.

참 불 승 자　　지 교 망　　위 갈 등　　토 불 어 자　　척 단
叅佛乘者가 **指敎網**하야 **爲葛藤**하고 **討佛語者**가 **斥單**

전　　　위 벽 관
傳하야 **爲壁觀**하며

　불승佛乘을 참구하는 사람은 교망敎網을 가리켜 갈등葛藤이라
고 하고, 불어佛語를 찾는 사람은 단전單傳을 배척하여 벽관壁觀
이라고 한다.

　부처님이나 보살들이 가르치신 전통적인 경학의 입장에서 보면
불교의 경전은 중생들의 수준과 근기를 따라 설하다 보니 참으로
다종다양하다. 간단하게 두 가지로만 분류한다면 하나는 최상승
의 가르침으로서 사람이 본래로 부처님이라는 교설을 불승佛乘이
라 하였다. 그 외에 수행을 하더라도 모두 부처님의 경지에는 이르
지 못하고 아라한의 경지에만 이른다고 가르치거나, 아니면 오랜
세월을 수행하여 점차적으로 단계를 밟아 올라가서 부처님의 경지
에 이른다고 하는 다양한 교설을 전계하는 가르침의 교망敎網이 있
다. 그래서 사람이 본래로 부처님이라고 공부하는 사람들은 다양
한 교설을 칡과 등나무가 서로 얽히는 것과 같이 복잡하고 어렵기
만 한 내용이라고 지적한다.

한편 달마대사가 중국으로 건너와서 불교를 가르치면서 기존의 불교와는 전혀 다른 선불교禪佛敎를 전하였는데 한 사람이 한 사람에게 전한다고 하여 단전單傳의 불교, 또는 벽을 바라보고 명상에 잠긴 불교라고 하여 벽관壁觀의 불교라고 하였다. 그래서 단전불교의 전통을 세우면서 석가모니 부처님의 정법을 계승한 제자는 제1조가 가섭이며, 제2조가 아난이며, 제3조 상나화수 등으로 이어져서 달마는 제28조에 이르고, 달마가 중국에서는 초조初祖가 되므로 그의 제자 혜가慧可를 제2조, 승찬僧璨을 제3조 등으로 계산하여 혜능慧能대사를 제6조로 하여 육조대사라고도 부른다. 이것이 선불교 전통의 법맥이다.

그런데 부처님이나 보살들이 가르치신 전통적인 불교의 가르침을 의지하여 수행하는 사람들은 수많은 중생들을 교화하려는 대승적 보살행이 없는 단전單傳의 불교를 벽만 바라보고 명상에만 잠겨 있다고 하여 그들을 벽만 바라보는 벽관외도壁觀外道라고 비판하였다.

유 도 리 이 애 어 사 자   유 달 사 이 매 어 이 자   수 사 원
有道理而礙於事者와 有達事而昧於理者가 遂使圓

48

융 무 이 지 법　　변 위 고 체 수 일 지 물
融無二之法으로 **變爲固滯守一之物**하니라

　이치에 통하나 현상[事]에 막힌 사람과 현상[事]에 밝되 이치에 어두운 사람이 있어서 드디어 원융하여 둘이 없는 법으로 하여금 변하여 꽉 막혀 하나만 지키는 중생이 되었다.

　위대한 불법을 치우치지 않고 원만하게 잘 알아서 세상에 크게 펼쳐 무수한 중생들을 교화하려면 일불승의 이치도 수용하고, 삼승십이분교三乘十二分敎의 복잡다단한 가르침도 수용하고, 석가모니 부처님이나 보살들의 가르침도 수용하고, 선불교도 수용하여야 한다. 그래서 차별한 일체 법과 일체 법의 근본인 진여자성이 원융하여 둘이 없는 이치를 자유자재하게 활용하게 된다. 만약 하나인 진여의 이치만 알고 천차만별한 사상事象을 모른다면 꽉 막혀 집착만 일삼는 사람을 면하지 못할 것이다.

내 지 건 축　분 하　　진 단　이 종　　　즉 평 등 지 자
迺至乾竺에 **分河**하고 **震旦**에 **異宗**하야는 **則平等之慈**가

자 상 모 순   양 가 비 부
自相矛盾하니 **良可悲夫**인저

이에 인도[乾竺]에서는 유파流派가 나뉘고 중국[震旦]에서는 종
파宗派를 달리함에 이르러서는 평등한 자비가 서로서로 창과 방
패가 되었으니 참으로 슬퍼할 만하도다.

석가모니 부처님이 열반에 드시자마자 기존의 가르침에서 다른
견해를 주장하는 제자들이 있었다. 그래서 상수제자인 가섭존자
를 필두로 하여 5백 명의 제자들이 칠엽굴七葉窟에 모여 부처님의 가
르침에 다른 견해를 주장하지 못하도록 그동안의 말씀들을 송출
誦出하여 제1차 결집을 하여 법을 세우고 기준을 세웠다. 그러나
다시 1백년, 2백년, 3백년의 세월이 흐르는 동안 수많은 새로운 견
해와 주장들이 등장하여 상좌부와 대중부를 중심으로 20여 개의
유파流派가 생겨나게 되었다. 그 후 불멸 5백년경부터는 수많은 보
살들이 출현하면서 부처님의 근본정신을 보완하려는 대승불교운
동이 전개되어 대승과 소승의 격렬한 다툼이 일어났다. 이것이 인
도에서 유파가 나눠진 대강의 내용이다.

다시 불교가 중국으로 넘어오면서 또다시 수많은 주의 주장에
따라 다양한 종파불교가 등장하여 각각 다른 견해를 세우면서 부

처님의 근본정신인 지혜와 자비를 망각하고 서로서로 비판과 공격을 일삼는 슬픈 일이 일부 있게 되었다.

나 대　　의 상 법 사　　제 작 차 도　　기 래　　상 의　　전 가
羅代에 **義湘法師**가 **製作此圖**하니 **其來**가 **尙矣**라 **全家**

숙 덕　　각 이 교 망　　억 해　　지 이 만 연　　수 성 권 질
宿德이 **各以敎網**으로 **臆解**하대 **支離蔓莚**하야 **遂成卷袠**하니

　신라시대에 의상법사가 이 그림을 만듦에 그 유래가 오래인지라 전가全家의 숙덕宿德들이 각자의 교망敎網으로 억측으로 이해[臆解]하되 이리저리 넝쿨을 뻗치는 식으로 풀이하여 드디어 권卷을 만들고 질袠을 이루었더라.

　의상스님은 서기 625년에서 702년까지 계셨던 스님이다. 그리고 설잠스님은 서기 1435년에서 1493년까지 사셨으니 법계도가 세상에 출현하고 8백여 년이나 되는 긴 세월이 흘렀다. 그동안 수많은 선지식과 공부인들이 그 나름대로 해석을 하고 주석을 한 것이 얼마나 많았겠는가. 그리고 설잠스님으로부터 다시 또 5백여 년이 지났으니 그 사이에 이 법계도를 풀이하고 설명한 글이 또 얼

마나 많았겠는가. 실로 스님의 말씀대로 "각자의 교망敎網으로 억측으로 이해하되 이리저리 넝쿨을 뻗치는 식으로 풀이하여 드디어 권卷을 만들고 질袠을 이루었더라."라고 하였으니 아마도 지금까지의 그 해석이 수백 종류는 족히 되리라 여겨진다.

여 일람 집권 탄왈 청정법계 기유여차기
余가 一覽에 執卷하고 歎曰 淸淨法界에 豈有如此其

다언호 약고여시 상사 기향미진게품중 촬
多言乎리오 若固如是ㄴ댄 湘師가 豈向微塵偈品中에 撮

기추요 간출이백일십자 장엄일승법계도호
其樞要하고 簡出二百一十字하야 莊嚴一乘法界圖乎리오

내가 한번 살펴보고 나서 책을 쥔 채 탄식하기를, "청정한 법계에 어찌 이와 같이 많은 말이 있으리오. 만약 진실로 이와 같은 것일진댄 의상법사가 어찌 미진수의 게송과 품류[偈品] 가운데서 그 근본이 되는 요점만을 모아서 210글자를 간추려 내어 일승법계도一乘法界圖를 장엄하였겠는가."라고 하였다.

설잠스님은 '청정법계'라고 하였고, 화엄경은 '미진수와 같은 게

52

송과 품'으로 나타냈으며, 의상법사는 그것을 다시 210글자로 압축하여 표현하였다. 혹자는 '마음'이라는 말로 나타내고, 혹자는 '한 물건'이라 하였고, 혹자는 '할'을 하였고, 또 혹자는 '둥근 원'을 그려 보였으며, 또 어떤 이는 '주먹'으로, 또는 '손가락'으로, '침묵'으로, '주장자' 등으로 표현하였다.

굳이 어떤 형식을 빌려 표현하지 않아도 모든 사람들은 어디서나 한순간도 그것을 떠나서 존재한 적이 없다. 늘 그것으로 존재한다. 만약 한순간이라도 그것을 떠나 있다면 그것이 아니기 때문이다.

然이나 以湘師의 一圈으로 觀之한대 向二百一十字하야

究其宗旨하면 則不過法性而已오 究其法性하면 則不過

隨緣而已니 忽有明眼衲僧이어든 出來道하라

그러나 의상법사의 한 우리[一圈]로써 관찰하건대 210자를 향하여 그 종지宗旨를 궁구하면 곧 법성法性에 지나지 않을 따름이요, 그 법성法性을 궁구하면 곧 수연隨緣에 지나지 않을 따름이니, 혹 눈이 밝은 납승衲僧이 있거든 나와서 일러 보라.

　법계도를 살펴보면 마치 양떼를 모아 놓은 우리와 같다. 하나의 우리 안에 210글자가 놓여 있는데 가장 중앙의 법성法性으로부터 시작하여 불佛에 이르기까지 질서정연하게 펼쳐지면서 10조 9만 5천 48자가 설하고 있는 심심미묘한 우주법계와 화장장엄의 이치를 다 설파하고 있다. 210글자를 다시 그 중요한 취지만을 간추리면 법성法性과 수연隨緣에 지나지 않는다. 법法이란 일체 차별현상이고, 성性이란 그 일체 차별현상의 통일된 하나의 본질이다. 그것이 인연을 따라[隨緣] 천변만화하면서 지금 우리들의 눈앞에 이와 같이 펼쳐지게 된 것이다.
　설잠, "나는 이와 같이 설하였다마는 만약 또 어떤 눈 밝은 납자가 있어서 이와 다른 설명을 하고 싶다면 어디 한번 말해 보라."라고 하였다. 자기의 입을 가지고 멋대로 말하는데 누가 말리랴. 조선 오백 년 중에 제일가는 천재의 기개가 하늘을 찌르는도다.

설현설묘　　　설심설성　　　교유명문　　　　여하시상
說玄說妙하며 **說心說性**은 **敎有明文**이어니와 **如何是湘**

법사　　미 토 일 자 전 소 식 　여　　자 대 운　　　성 화 병 신
法師가 **未吐一字前消息**고 **余**가 **自代云**하대 **成化丙申**

랍　　설 우 녹 태 헌 남 창 하
臈에 **說于綠苔軒南窓下**라하노라

　　현玄을 설하고 묘妙를 설하며, 심心을 설하고 성性을 설함은
경교經敎에 명문明文이 있거니와 어떤 것이 바로 의상법사가 한
글자도 내뱉기 이전의 소식인가. 내가 스스로 대신하여 이르
기를, "성화成化 병신년丙申年 12월[臈]에 녹태헌綠苔軒의 남창南窓
아래서 설하였다."고 하리라.

　　설잠스님의 일승법계도주의 글이 거의 모두가 선사禪師가 선의 이
치를 논하는 형식을 띠고 있지만 특히 이 단락의 글 형식은 전형적
인 선법문이다. 선문 고칙古則에 관한 착어着語의 형식인 염拈, 송頌,
대代, 별別, 징徵 가운데 대代에 해당하는 형식을 빌려 온 것이다. 그
래서 "내가 스스로 대신하여 이르기를"이라고 하였다.
　　의상법사가 210자를 통해서 법성法性을 밝힌 화엄의 도리를 설
함은 일체 존재의 유현하고 미묘한 이치를 설한 내용들이며 사람

의 일심과 자성의 궁극적 경지를 밝힌 내용이라고 할 수 있는데, 그러한 설명은 의상법사가 아니라도 이미 경전이나 논문이나 어록 속에 너무도 많이 나와 있다. 그중에서 의상법사의 일승법계도의 글이 아무리 천하에 제일가는 명문이라 하더라도 그것은 어디까지나 이론이요 말이다. 그와 같은 이론이나 말을 떠나서 한 글자도 내뱉기 이전의 소식을 보여 줄 수는 없는가? 의상법사의 살아 있는 진면목을 드러내 보라.

이렇게 거량을 했으나 의상법사는 8백여 년 전에 이미 가시고 없다. 누가 대신 거량하겠는가. 설잠스님이 스스로 대답할 수밖에. "이 글을 쓰고 있는 오늘 여기 이 사람일세."

실로 순수한 선법문의 형식을 취하여 서문을 쓰고 다시 선법문의 형식을 빌려 법성게를 주해하였다. 성화成化 병신년丙申年은 서기 1476년이다.

2. 대중에게 보이다

시중운　건법당　입종지　금상첨화　탈농
示衆云하대 建法幢하야 立宗旨는 錦上添華어니와 脫籠

두　사각태　태평시절
頭하고 卸角駄라사 太平時節이로다

　대중들에게 보여 이르되 "법의 깃발을 세우고 종지宗旨를 세움은 금상첨화錦上添華이거니와 조롱鳥籠을 벗어나고 짐바리를 내려놓아야 태평한 시절이로다."

　설잠스님은 서문을 써서 마치고 법성게를 설명하기 전에 문득 대중들을 향해서 법어를 한 말씀 내렸다. 매우 의미심장하다. 자기 자신의 삶과도 연관이 되는 말씀이며, 또 다른 많은 세속적으로 출세한 사람들을 향해서 일갈을 던진 말씀이기도 하다.
　예컨대 세속에서 높은 관리가 되거나 출가하여 큰 절을 차지하여 대중들을 거느리고 자신의 사상을 크게 드날릴 수 있다면 세상에 떨치는 명성도 자자하고 추앙도 받고 하여 외형적으로 얼마나 근사하고 보기에도 좋겠는가. 그야말로 출세한 사람이리라. 요즘도 승속을 막론하고 이와 비슷한 사람들이 상당히 많다.

그러나 그들이 남이 보는 것과 같이 마음이 늘 편안하고 자유로울까? 어쩌면 여기저기 걸리고 이 일 저 일 이 사람 저 사람에 걸려서 마음은 늘 답답하고 불안할 것이다. 마치 주인이 모이를 줘서 먹고사는 데는 걱정이 없지만 새가 새집 속에 갇혀 있다면 그것이 무슨 좋은 일이겠는가. 또한 소나 말이 주인이 주는 사료를 먹는 대신에 언제나 무거운 짐을 지고 살아가는 것과 같을 것이다.

새는 때때로 굶는 일이 있더라도 자유롭게 드넓은 하늘을 날아다니는 것이 천 번 만 번 나은 일이리라. 소나 말도 차라리 야생이 되어 굶기도 하고 먹기도 하다가 천수를 다하는 것이 생명을 가진 존재로서 바람직한 길이리라. 그놈의 부귀와 공명에 올가미가 걸려서 시궁창에 빠져 허덕일쏘냐. 그것이 어찌 사람이 사는 길이겠는가.

약 론 돈 야　　불 유 짐 적　　천 성　　역 모 색 불 착
若論頓也ㄴ댄 不留朕迹하니 千聖도 亦摸索不着이요

약 론 점 야　　　반 상 합 도　　요 시 리　　칠 종 팔 횡
若論漸也ㄴ댄 **返常合道**니 **鬧市裏**에 **七縱八橫**이요

　만약 돈頓을 논할진댄 자취가 남아 있지 아니하여 1천 성인이라도 더듬어 찾지 못하는 것이요, 만약 점漸을 논할진댄 평상의 이치에 돌아가[返常] 세상의 도리에 합하니[合道] 시끄러운 저자 안에서 멋대로 노닐며 횡설수설할 것이니라[七縱八橫].

　불교에서는 수행을 주장하는 것이 큰 특징이다. 수행에는 크게 두 가지 이론이 있다. 특히 선불교에서 한 가지로는 한꺼번에 모든 단계를 다 성취한다는 돈법頓法이 있고, 또 한 가지로는 점차적으로 단계를 하나하나 밟아서 닦아 올라간다는 점법漸法이 있다. 돈오돈수頓悟頓修니 돈오점수頓悟漸修니 하는 것이 그것이다. 즉 돈법이란 모든 중생이 본래 깨달은 존재이며 본래 부처님인 존재로서 점차적인 단계를 밟아 올라갈 필요가 없다는 주장이다. 점법이란 중생이 본래 부처님이라 하더라도 진정한 부처님이 되기까지는 십신과 십주와 십행과 십회향과 십지와 등각과 묘각이라는 단계를 닦아 올라가야 된다는 주장이다. 그래서 돈법의 입장에서는 세상의 어느 누구라도 혀를 댈 자리가 없지만 점법의 입장에서는 시시비비의 온갖 설명이 횡설수설하게 된다는 뜻이다.

약론원야   개개   입재전처   전기작용   부
若論圓也ㄴ댄 **箇箇**가 **立在轉處**하야 **全機作用**하대 **不**

존집칙   약론별야   두두   유살인지검   처처
存執則이요 **若論別也**ㄴ댄 **頭頭**가 **有殺人之劒**하며 **處處**에

장함호지기
藏陷虎之機라

만약 원圓을 논할진댄 개개가 전변轉變하는 곳에 서서 모든 기
능機能이 작용하되 궤칙軌則을 두지 않는 것이요, 만약 별別을 논
할진댄 두두頭頭가 다 살인殺人의 검劒을 가지며 처처가 다 호랑
이를 파묻는 기계를 감춘 것이다.

선불교에서 돈법과 점법을 이야기하는 한편 교가敎家에서는 특히
천태사교天台四敎에서 장교藏敎, 통교通敎, 별교別敎, 원교圓敎를 시설
하여 상세한 설명이 있다. 그러나 여기에서는 원융한[圓] 교설과 각
각 차별한[別] 교설을 뜻한다.

도자리   제천   봉화   무로   외도   잠규   무
到這裏하야는 **諸天**이 **捧花**에 **無路**요 **外道**가 **潛窺**에 **無**

문 종일묵 이미상묵 종일설 이미상설
門이니 終日嘿하대 而未嘗嘿하고 終日說하대 而未嘗說하야

비야성리 기성여뢰 보광전전 유이여롱
毘耶城裏에 其聲如雷하고 普光殿前에 有耳如聾이어니와

여기에 이르러서는 모든 천신들이 꽃을 바칠 길이 없고 외도外道가 가만히 엿볼 문이 없으니, 종일 침묵하되 침묵한 적이 없고 종일 설법하되 설법한 적이 없어서 비야리성[毘耶城] 안에 그 소리가 우레와 같았으며 보광전普光殿 앞에 귀 있으되 귀먹은 것 같았느니라.

수행자가 모든 것으로부터 벗어난 진정한 대자유의 경지란 어떤 것일까. 언어의 길이 끊어지고 마음의 행할 곳이 소멸해 버린, 즉 모든 것이지만 모든 것으로 지칭할 수 없는 그 자리이다. 그 자리에 앉은 사람에게는 온갖 천신들이 꽃을 바치고자 하나 꽃을 바칠 길이 없고, 그 자리 이외의 길을 가는 사람으로서는 조금도 엿볼 만한 틈이 없다. 그 자리에 앉은 사람은 종일토록 침묵해도 침묵한 것이 아니며, 종일토록 말을 해도 말을 한 것이 아니다.

예컨대 유마維摩거사가 비야리성에서 침묵으로써 불이不二의 법문을 우레처럼 소리쳤으나 그 뜻을 아는 사람이 없었으며, 보광전 앞

에서 대승보살들이 화엄의 도리를 천지가 진동하도록 설했으나 성
문과 연각들은 아름다운 법회가 열렸다는 소문만 들었지 정작 법
문의 내용에 대해서는 맹인과 같고 귀머거리와 같았다.

只如頓中有漸하며 漸中有頓하고 圓中有別하며 別中

有圓은 圓陁陁하며 阿轆轆地하야 大用이 現前일새 殺活이

自由하니 丈六이 莖草요 莖草가 丈六이라 信手拈來에 無

有不是니 是什麽境界오 看取新羅義湘和尙의 法界圖

一圈하라 ○

　가령 돈오頓悟 가운데 점수漸修가 있고 점수 가운데 돈오가 있
으며 원융圓融한 가운데 차별差別이 있고 차별한 가운데 원융이
있음과 같은 경우라면, 둥글고 둥글어[圓陁陁] 걸림 없이 굴러가
서[阿轆轆地] 큰 작용이 앞에 나타나 부정[殺]과 긍정[活]이 자유

자재하니 부처님의 크신 몸[丈六]이 작은 풀잎이요 작은 풀잎이 부처님의 크신 몸이라. 손이 닿는 대로 집어내어도 맞지 않음이 없으니 이것이 어떤 경계이던가. 신라 의상화상의 법계도法界圖 한 우리[一圈]를 잘 보아라. "○" 일원상一圓相을 그리다.

예컨대 씨앗 속에는 이미 싹을 틔우고 줄기를 뻗으며 잎을 맺고 꽃을 피우고 열매를 맺는 일이 다 갖춰져 있다. 씨앗의 입장에서 보면 돈법 아닌 것이 없고, 싹을 틔우고 줄기를 뻗어 잎을 맺는 입장에서 보면 점법 아닌 것이 없다. 원융과 차별의 이치도 여기에서 벗어나지 않는다. 일체 세상 이치가 이 이치와 같으며 불법의 심오한 이치도 또한 그러하다. 이와 같이 본다면 흘러가는 자연현상이나 사람이 살아가는 일들도 그대로 완전무결하여 더 이상 고칠 것이 없으며 손댈 것이 없다.

의상스님의 법계도와 법성게는 그와 같이 원만하고 완전무결한 일체 존재의 됨됨이를 잘 나타내고 있다. 또한 설잠스님의 이 "○" 일원상一圓相이 그것을 말없이 나타내는 도리이다. 역시 전형적인 선법문의 격식을 보여 주고 있다.

이 일원상一圓相에는 예로부터 전해져 오는 글이 있어서 주해 삼아 살펴본다.

고불미생전 응연일상원　　古佛未生前 凝然一相圓

석가유미회 가섭기능전　　釋迦猶未會 迦葉豈能傳

옛 부처님 나기 전에 응연하게 한 모양이 둥글었네.

석가모니 부처님도 알지 못하거늘 가섭이 어찌 전하리오.

3. 대화엄大華嚴의 일승법계도一乘法界圖

```
一—微—塵—中—含—十    初—發—心—時—便—正—覺—生—死
|                   |                           |
一  量—無—是—即  方    成  益—寶—雨—議—思—不—意  涅
|                   |                           |
即  劫  遠—劫  念—一    別  生—佛—普—賢—大—人  如  槃
|                   |                           |
多  九  量  即—一  切    隔  滿  十  海—入—能  境  出  常
|                   |                           |
切  世  無  一—念  塵    亂  虛  別  印—三—昧—中  繁  共
|                   |                           |
一  十  是—如—亦  中    雜  空  分—無—然—冥—事—理  和
|                   |                                 |
即  世—互—相—即  仍—不    衆—生—隨—器—得—利—益—是
|                                                     |
一  相—二—無—融—圓—性—法    叵—際—本—還—者—行—故
|                                                 |
一  諸  智—所—知—非—餘  佛    息—盡—寶—莊—嚴—法—界
|                       |                           |
中  法  證  甚—性—眞  境  爲    妄  無  隨—家—歸—意  實
|                       |                           |
多  不  切  深—極—微  妙  名    想  尼  分—得—資  如  寶
|                       |                           |
切  動  一  絕—相—無  不  動    必  羅—陀  以—粮  捉  殿
|                       |                           |
一  本—來  寂—無—名  守  不    不—得—無—緣—善—巧  窮
|                                                     |
中—一—成—緣—隨—性—自    來—舊—床—道—中—際—實—坐
```

大華嚴一乘法界圖
대 화 엄 일 승 법 계 도

向上의 一路는 千聖도 不傳이니 旣是不傳底消息인댄
향상 일로 천성 부전 기시부전지소식

祗這法界一圖는 從何而出고 只如縱橫屈曲과 字點斑
지 자법계일도 종하이출 지여종횡굴곡 자점반

文이 是圖耶아 白紙一幅에 說玄說黃이 是圖耶아 湘法
문 시도야 백지일폭 설현설황 시도야 상법

師가 擬心動念하야 垂慈利物이 是圖耶아 只如朕兆未
사 의심동념 수자이물 시도야 지여짐조미

萌과 名器未形이 早是圖耶아 (良久云) 領取鉤頭意하고
맹 명기미형 조시도야 (양구운) 영취구두의

莫認定盤星하라
막 인 정 반 성

대화엄大華嚴의 일승법계도－乘法界圖

깨달음보다 더 나아간[向上] 한 길은 일천 성인도 전하지 못
하니 이미 전하지 못하는 소식이라면 이러한 법계法界의 한 그
림은 무엇으로부터 나온 것인가? 가령 종으로 횡으로 구불구

불함과 글자와 점들이 얼룩덜룩한 것이 이 그림인가? 백지 한 폭에 검은 것을 설하고 누런 것을 설한 것이 이 그림인가? 의상법사가 마음을 쓰고 생각을 움직여 가며 자비심을 드리워서 중생들을 이롭게 함이 이 그림인가? 가령 조짐이 아직 싹트지 않고 그릇이 미처 형상을 이루지 아니하였을 적에 벌써 이 그림인가?

잠자코 있다가 이르되, "낚싯바늘 드리운 뜻을 알아차리고 눈금의 표식을 오인하지 말라."

앞에서 "석가도 오히려 알지 못하거늘 가섭이 어찌 전하리오."라고 하였다. 그런데 의상스님은 법계도와 법성게가 도대체 어디서 나온 것인가?

그 자리, 그 소식은 처음부터 일천 성인들도 전하지 못하는 소식이다. 그래서 석가도 모르는 소식이라고 하였다. 그런데 선가禪家에서는 석가는 가섭에게 전하고 가섭은 또 아난에게 전하고 하여 달마에게까지 전하여졌으며, 다시 혜가에게 전하는 등등 그것을 전했다는 말이 산을 이루고 바다를 이룬다. 그것은 아마도 고기를 잡기 위해서 바늘을 드리운 소식이리라.

東土義湘述
동 토 의 상 술

세존   칠처구회   위돈기인   설돈부   이시착
世尊이 七處九會에 爲頓機人하야 說頓部가 已是錯

료야   의상법사   향청평세계   위십마착공모영
了也어든 義湘法師가 向淸平世界에 爲什麼鑿空摸影

불식호오   설자반한화   도자리   안착일
하야 不識好惡하고 說這般閑話오 到這裏하야는 安着一

자   육상완창   감착일자   안중착설   어최청정
字가 肉上剜瘡이요 減着一字가 眼中着屑이니 於最淸淨

법계상   차희몰교섭
法界上에 且喜沒交涉이라

동토東土 의상義湘의 저술

세존世尊께서 일곱 곳에서 아홉 차례의 법회를 열어 돈기頓機
의 사람을 위하여 돈부頓部를 설한 것이 벌써 잘못되었거늘 의
상법사는 청정하고 평화로운 세계를 향하여 무엇 때문에 허공
을 뚫고 그림자를 더듬어 가며 좋고 나쁜 것도 알지 못하면서
이와 같은 부질없는 이야기를 설하는가. 여기에 이르러서는 글

자 한 자를 가져다 붙인다는 것이 멀쩡한 생살에 긁어서 상처를 냄이요, 한 글자를 빼낸다는 것이 눈 안에 가루를 묻히는 것이니 가장 청정한 법계와는 어쨌거나 아무 관계가 없는 일이다.

세존께서 6년의 고행 끝에 니련선하에서 목욕을 하고 마지막으로 보리수 아래에 앉아 7일간의 깊은 선정에 들어 온갖 마군들을 항복받고 나서 드디어 정각正覺을 이루었다. 그리고 그 정각의 내용을 남김없이 쏟아낸 것이 화엄경이다. 화엄경은 일곱 장소에서 아홉 번의 법회를 열면서 39품이라는 방대한 설법을 한 것이다. 그 내용은 듣는 사람들의 근기와 수준에 맞춰 가면서 알맞게 설한 것이 아니라 돈기頓機의 사람, 즉 대심범부大心凡夫들을 위해서 최고의 경지를 설한 것이다. 그러나 그것은 어떤 입장에서 보면 크게 틀린 일이다. 그런데도 다시 의상법사는 청정본연하고 태평무사한 세계를 향하여 어지럽게 이야기를 늘어놓는가?
  이러한 경우라면 설사 글자 하나를 놓아둔다 하더라도 멀쩡한 생살을 긁어서 상처를 내는 일이고, 한 글자를 빼낸다 하는 것은 눈 안에 금가루를 뿌리는 일이다. 금가루가 비록 귀한 것이기는 하나 밝은 눈에 큰 병을 불러올 뿐이다. 청정법계 위에는 아무런 도

움이 안 된다. 왜 그런 일을 하는가? 반드시 의도하는 바가 있으리라.

수 연　　법　본 법 무 법　　무 법 법　역 법　　금 부
雖然이나 **法**은 **本法無法**하대 **無法法**도 **亦法**이니 **今付**

무 법 시　　법 법　　하 증 법
無法時에 **法法**이 **何曾法**고

　비록 그러나 법은 본래 없는 법을 법 삼되 없는 법이란 법도 또한 법이니 이제 없는 법을 부촉할 적에 이런 법과 저런 법이 언제 법인 적이 있었으랴.

　이 게송은 선가에서 전하는 조당집이나 전등록에 의하면 석가모니 부처님이 전하신 게송이라고 알려져 있다. 불교에서 법이라는 말을 매우 소중하게 사용하고 있지만 고정되게 '이런 것이 법이다.'라고 지칭할 만한 법은 없다. 다만 없는 법을 법이라고 가정하여 이름할 뿐이다.

이마　　즉장산하대지　초목총림　일일염래
伊麼인댄 則將山河大地와 草木叢林을 一一拈來하야

작일체법　역득　　장어묵동정　종횡묘용　일일
作一切法도 亦得이요 將語默動靜과 縱橫妙用을 一一

처파　　작불시법　역득　　내위여차
覷破하야 作不是法도 亦得이니 奈爲如此오

　그렇다면 산하대지山河大地와 초목총림草木叢林을 하나하나 집어내어 일체 법이라고 하여도 또한 옳은 것이요, 어묵동정語默動靜과 종횡묘용縱橫妙用을 하나하나 간파看破하여 이것이 법이 아니라고 하여도 또한 옳은 것이니 어찌하여 이와 같은가?

　눈에 보이지도 않는 미세먼지와 작은 세포에서부터 산천초목과 산하대지와 저 드넓은 우주에 꽉 차 있는 무한한 은하계의 수많은 별들에 이르기까지 모두를 법이라 해도 맞고, 또 그것들을 법이 아니라 해도 맞는 말이다. 왜 그렇게 모순된 말을 하는가? 그 까닭은 아래에 설명하였다.

^아 ^위 ^법 ^왕　^어 ^법　^자 ^재　^염 ^방　^재 ^아　^여 ^탈
我爲法王이라 **於法**에 **自在**하야 **拈放**이 **在我**하고 **與奪**이

^임 ^시　^장 ^차 ^일 ^도　^작 ^일 ^법 ^계　^돌
臨時ㄹ새 **將此一圖**하야 **作一法界**로다 **咄**하다

내가 법왕法王이 되어 법에 자재하여 잡고 놓음이 내게 있고 주고 빼앗음을 때에 맞추니 이 한 그림을 가져다가 하나의 진리의 세계[一法界]라고 하는 것이다.

"돌咄."

사람 하나하나가 모두 법의 왕인지라 법에 자유자재해서 그것들을 법이라 하든지 법이 아니라 하든지 모든 결정은 각자에게 있기 때문이다. 주든지 빼앗든지 그것도 또한 각자가 마음대로 그때그때 따라서 할 뿐이기 때문이다. 그래서 의상스님은 이와 같은 그림 한 장을 그려 놓고 하나의 법계法界라고 하였다. 어떤가? 거기에 다시 또 무슨 사량분별을 붙이는가? 자, 나는 "돌咄"이다.

"돌咄"이란 앞에 있었던 그 어떤 고준한 법문도 다 부정하여 쓸어버린다는 의미이다. 그래서 선가에서는 다른 사람의 견해를 무시하거나 부정하는 의미로 이 "돌咄"을 남발하는 경우가 비일비재하다.

1

<ruby>法<rt>법</rt></ruby><ruby>性<rt>성</rt></ruby><ruby>圓<rt>원</rt></ruby><ruby>融<rt>융</rt></ruby><ruby>無<rt>무</rt></ruby><ruby>二<rt>이</rt></ruby><ruby>相<rt>상</rt></ruby>

法性圓融無二相

법法과 성性이 원융圓融하여 두 가지 모양이 없으니

이제 본론인 법성게에 접어들었다. 법성法性이란 말은 법과 성으로 읽기도 하고, 법의 본성으로 읽기도 한다. 설잠스님은 법과 성으로 해석하였다. 그동안에는 어떻게 해석하고 이해했든지 모두 내려놓고 천하의 매월당 설잠스님의 해석을 의지하고 따라가 보자. 이런 설명을 어디서 만나겠는가.

法者는 即六根門頭에 森羅萬像인 情與無情也요 性

者는 六根門頭에 常常受用하대 計較摸索不得底消息

也요

'법法'이란 곧 육근六根 문 앞의 삼라만상인 유정有情과 무정無

情이요, '성性'이란 육근의 문 앞에서 끊임없이 수용受用하되 계교計較하고 모색할 수 없는 바의 소식이니라.

  법이란 우리들이 눈과 귀와 코와 혀와 몸과 의식으로 보고 듣고 인식하는 온갖 삼라만상과 산천초목과 유정무정들의 차별현상을 모두 한꺼번에 일컫는 말이다. 성이란 눈과 귀와 코와 혀와 몸과 의식으로 보고 듣고 인식하는 온갖 삼라만상과 산천초목과 유정무정들의 차별현상을 모두 수용하되 그 수용하는 당체며 본질이며 근본성품을 뜻한다.

  圓融者는 一切法이 即一切性이며 一切性이 即一切

  法이니 即今의 靑山綠水가 即是本來性이며 本來性이 即

  是靑山綠水也요

  '원융圓融'이란 일체의 법이 곧 일체의 성이며 일체의 성이 곧 일체의 법이니, 곧 지금의 푸른 산 맑은 물이 바로 본래의

74

성품이며 본래의 성품이 곧 바로 푸른 산 맑은 물이니라.

원융하다는 것은 눈과 귀와 코와 혀와 몸과 의식으로 보고 듣고 인식하는 온갖 삼라만상과 산천초목과 유정무정들의 차별현상을 수용하는 본성과 그 차별현상들이 곧 하나이기 때문에 따로따로 나누어 다른 것이라고 할 수 없다는 뜻이다.

무 이 상 자　청 산 녹 수　본 래 성　원 시 일 개 왕 태 백
無二相者는 **青山綠水**와 **本來性**이 **元是一箇王太白**

본 래 무 이 야　단 이 세 인　망 생 분 별　수 유 아 인
일새 **本來無二也**로대 **但以世人**이 **妄生分別**로 **遂有我人**
하도다

'두 가지 모양이 없음'이란 푸른 산 맑은 물과 본래의 성품이 원래 한 개의 아주 깨끗한 바탕[王太白]이라 본래 두 가지가 아니건만 다만 세상 사람들이 부질없이 분별을 냄으로써 드디어 나와 남이 있게 되었도다.

무이無二란 불이不二와도 같은 뜻이다. 불이법문이라면 유마경에

75

서 유마거사가 표현한 침묵을 가장 으뜸으로 친다. 청산녹수와 그 청산녹수의 본래의 근본성품이 원래 둘이 아니다. 둘이 아니라면 구태여 둘이 아니라고 말을 할 필요가 있겠는가. 그저 묵묵히 있을 뿐이다. 청산은 청산대로 녹수는 녹수대로 그냥 그렇게 여여하게 있기 때문이다. 왜 군이 설명하여 너니 나니 나누는가?

어 청 정 무 애 중　　별 생 이 념　　날 작 십 법 계　　치 연
於淸淨無礙中에 **瞥生異念**할새 **捏作十法界**하야 **熾然**

작 용
作用하니라

또 청정하여 걸림이 없는 가운데서 별안간 다른 생각을 냄으로써 열 가지 법계法界를 날조하여 맹렬하게 작용하는 것이다.

사람들이 사량하고 분별하는 의식작용은 대단히 위대한 능력을 갖추었기 때문에 오늘날과 같은 놀라운 문명의 발달을 가져왔으나 한편 그 분별하는 생각으로 인하여 각양각색의 차별상을 만들어 내었다. 이를테면 십계十界 또는 십법계十法界라고 하여 법화경法華經에서는 여섯 가지 범부의 세계인 지옥 · 아귀 · 축생 · 아수라 ·

76

인간 · 천상을 두었고, 다시 성인들의 세계인 성문 · 연각 · 보살 · 불을 말하였다. 이와 같은 차별현상들이 세상을 온통 천태만상으로 만들어 놓은 것이다.

요지불애지소식마 미진찰경 자타 불격어호
要知不礙底消息麼아 **微塵剎境**에 **自他**가 **不隔於毫**

리 십세고금 시종 불리어당념
釐하고 **十世古今**에 **始終**이 **不離於當念**이로다

걸림이 없는 바의 소식을 알고자 하는가?

"미진수 세계의 자타가 털끝만큼의 간격이 없으며, 십세+世 고금古今의 처음과 끝이 이 순간[當念]의 생각을 떠나지 않았도다."

실사 그렇더라도 그와 같은 차별현상과 천태만상들이 서로서로 걸리지 않는 도리가 있다는 사실을 알고자 하는가?

밝은 눈을 뜨고 보면, 미세먼지와 작은 세포들에서부터 길거리를 걸어 다니는 70억 사람과 그 수천만 배나 되는 다른 생명체들과 우주 공간에 떠 있는 무량무수한 별들의 세계에 존재하는 모든

존재들이 공간적으로 털끝만큼의 간격이 없다. 그뿐만 아니라 수억만 과거와 수억만 미래 안의 과거와 현재와 미래와 그 과거에서 다시 과거, 현재, 미래 등으로 무한히 나눠지고 세분화되는 일체 시간들이 지금 이 순간을 떠나지 않고 있다는 사실이다.

2

제 법 부 동 본 래 적
諸法不動本來寂

모든 법은 움직이지 아니하여 본래부터 고요하도다.

이 이치는 묵묵히 스스로 계합할 뿐이요, 움직이지 않는다느니 본래부터 고요하다느니 하는 표현들은 처음부터 큰 모순을 뒤집어쓰고 하는 말이다. 흙이 잔뜩 묻은 걸레로 깨끗한 방을 청소하려는 격이며, 건강한 피부를 긁어서 상처를 내는 일일 뿐이다.

제 법　　즉 전　　현 전 일 체 수 용 야　　부 동 자　　즉 전
諸法은 **即前**에 **現前一切受用也**요 **不動者**는 **即前**에

계 교 모 색 부 득 야　　본 래 적 자　　즉 전　　무 이 상　　소 위
計較摸索不得也요 **本來寂者**는 **即前**에 **無二相**이니 **所謂**

부 동 사 호　　합 본 연 야　　도 개 본 연　　조 시 동 야
不動絲毫하야 **合本然也**이어니와 **道箇本然**이 **早是動也**니

필 경　　여 하　　치 인 면 전　　부 득 설 몽
畢竟에 **如何**오 **痴人面前**에 **不得說夢**이로다

79

‘모든 법’이란 곧 앞에 나타난 일체를 수용受用하는 것이요, ‘움직이지 아니함’이란 곧 앞에서의 헤아리고 찾아도 찾을 수 없음이요, ‘본래부터 고요함’이란 곧 앞에서 말한 ‘두 모양이 없음’이니, 이른바 실끝만큼도 움직이지 아니하여 본래 그러한 자리에 합한 것이다. ‘본래 그러한 자리’라고 부르면 벌써 움직인 것이니 필경에 어떠한 것인가. 어리석은 사람 앞에서 꿈을 말하지 말라.

그러나 어찌하랴. “모든 법은 움직이지 아니하여 본래부터 고요하다.”는 사실을 일깨워 주려는 방편을 쓰지 아니하면 그나마 아무것도 모르는 것을. 그래서 “어리석은 사람 앞에서 꿈을 말하지 말라.”라고 한 것이다. 어리석은 사람에게 꿈 이야기를 잘못 하면 그 꿈이 꿈이 아니고 사실인 줄 알아듣고는 동네방네 퍼뜨리게 되기 때문이다. 그래도 다행인 것은 방 밖에 호랑이가 왔다는 말을 듣고 울음을 그치는 아이들도 있으니 말이다.

3

<ruby>無<rt>무</rt></ruby><ruby>名<rt>명</rt></ruby><ruby>無<rt>무</rt></ruby><ruby>相<rt>상</rt></ruby><ruby>絶<rt>절</rt></ruby><ruby>一<rt>일</rt></ruby><ruby>切<rt>체</rt></ruby>

무 명 무 상 절 일 체
無名無相絶一切

이름도 없고 모양도 없어 일체를 여의었도다.

금강경 오가해 서문에 "여기에 한 물건이 있으니 이름과 형상이 없으나 고금을 관통하였고, 작은 먼지 속에 있으나 동서남북과 상하를 다 에워싸고 있도다."라고 하였다. 또 육조스님은 "한 물건이 있는데 머리도 없고 꼬리도 없으며 이름도 없고 명자도 없으나 위로는 하늘을 버티고 아래로는 땅을 버티며 밝기는 태양과 같고 어둡기는 옻과 같아서 항상 움직이는 가운데 있으나 움직이는 가운데서 거두어들이지 못하는 것이 이것이다."라고 하였다.

도 자 리   비 불 비 보 살   비 이 승 비 범 부   비 법
到這裏하야는 非佛非菩薩이며 非二乘非凡夫며 非法

비 비 법   비 법 성 비 비 법 성   비 연 기 비 증 분   가
非非法이며 非法性非非法性이며 非緣起非證分이니 可

이명 목야 가이상 지견야 일체반연 의의
以名으로 **目耶**아 **可以相**으로 **知見耶**아 **一切攀緣**과 **擬議**

　도몰　내하방신도　욕언　언불급　임하
가 **都沒**하니 **奈何方信道**리오 **欲言**하대 **言不及**하니 **林下**에

호상량
好商量이어다

　여기에 이르러서는 부처님도 아니고 보살도 아니며, 이승二乘
도 아니고 범부凡夫도 아니며, 법도 아니고 법이 아님도 아니
며, 법성法性도 아니고 법성 아님도 아니며, 연기緣起도 아니고
깨달음[證分]도 아니니 이름으로 지목할 수 있겠는가? 모양으
로 알아볼 수 있겠는가? 일체의 반연攀緣과 헤아림이 모두 사
라진 것이니 어찌하랴, 바야흐로 사실인 것을.
　"말하고 싶지만 말이 미치지 않으니 숲속에 들어가서 잘 생
각해 보라."

　산속에 들어가서 참구하는 일도 이것을 참구하는 일이며, 선방에
앉아서 참구하는 일도 이것을 참구하는 일이다. 그러나 이미 모든
사람들의 일거수일투족이 모두 이것이 작동하는 것이며, 일 분 일
초도 이것이 빠지면 존재할 수 없는 것이어서 자나 깨나 가나 오나

앉으나 서나 시키지 않아도 너무나 잘 사용하고 있건만 그것을 달리 찾고 있으니 어쩌자는 말인가?

4

증 지 소 지 비 여 경
證智所知非餘境

깨달은 이의 지혜라야 알 바요, 그 밖의 경계가 아니로다.

화엄경에서 밝히고 있는 이치는 모두가 쉽게 납득이 되는 내용이 아니다. 화엄경 첫 구절부터 살펴보자. "세존이 처음으로 바른 깨달음을 이루고 나니 그 땅들이 모두 다이아몬드로 이루어졌더라." 라고 하였다. 무엇을 깨달았는가. 그 한 물건의 실체를 깨달았다. 그 한 물건의 실체를 깨닫고 나니 그 순간 세상이 온통 금은보화와 다이아몬드로 이루어졌으며, 차디찬 바위 위에 앉아 있었으나 그 바위는 매우 화려하고 크고 높으며 역시 금은보화로 꾸며진 사자좌였더라.

그래서 필자는 화엄경의 종지宗旨를 이렇게 읊었다.

"아름다워라 세상이여,

환희로워라 인생이여.

아! 이대로가 화장장엄세계요,

이대로가 청정법신 비로자나불인 것을."

이러한 경지를 어찌 아무나 알 것인가. 깨달은 이의 지혜라야 알

84

수 있는 도리이다. 그래서 우리는 언젠가 이러한 이치를 반드시 깨달아야만 한다. 이것이 모든 사람들의 과제다.

삼세제불지소증　　증차자야　　역대선사지소오
三世諸佛之所證이 **證此者也**요 **歷代禪師之所悟**도

오차자야　　자영봉소실이후　　대대상승　　연방속
悟此者也니 **自靈峰少室已後**로 **代代相承**하야 **連芳續**

염자　　부지기기하　　단계차이이
焰者가 **不知其幾何**로대 **但契此而已**라

　과거 현재 미래의 모든 부처님이 깨달은 바가 이것을 깨달은 것이요, 역대 선사가 깨달은 바도 이것을 깨달은 것이니, 영축산 봉우리와 소림굴少林窟로부터 이후에 대대로 이어받아서 향기를 이어 가고 불꽃을 이은 사람이 그 수가 얼마인지 알 수 없으되 다만 이것에 계합契合하였을 따름이다.

　불교의 역사란 다름이 아니다. 오직 이러한 이치 하나를 깨달아 수많은 사람들에게 가르쳐서 수천 수만 년을 이어 가도록 하는 일이다. 불교는 사람들에게 평생 호의호식할 수 있도록 물질을 제공

하는 일도 중요하지만 이와 같은 이치와 인과의 이치를 깨닫도록 하는 일이 무엇보다 값지고 소중한 일이라고 생각한다.

境者_는 如上所云_의 絶一切者_니 非商量_에 有分之境

也_라 伊麽_{인댄} 則這个境_이 與世間境_{으로} 同耶_아 異耶_아

'경계'란 위에서 말한 바와 같이 일체를 떠난 것이니 생각의 여지가 있는 경계가 아니다. 이러한즉 이 경계와 세간의 경계가 같은가, 다른가?

  불교의 가르침은 모두가 인생 교과서다. 더구나 화엄경은 그 방대한 팔만대장경 가운데서도 가장 우수한 인생 교과서다. 그렇다면 그 경계가 아무리 "이름도 없고 모양도 없어 일체를 여의었도다."라고 하더라도 인간의 오온과 육근을 가진 세속적 삶을 떠나서 존재할 수는 없다. 그런데 생각으로 이르러 갈 수 없는 그 경계와 세상 사람들의 망상분별의 경계가 같은 것인가, 다른 것인가? 필자가 스스로 대답한다. 같으면서 다르고 다르면서 같다. 결국은 같은 것과 다른 것이 둘이 아니다.

(양구운) 대 장 부　병 혜 인　　반 야 봉 혜　　금 강 염
(良久云) 大丈夫가 秉慧釼하니 般若鋒兮여 金剛焰이라

비 단 능 최 외 도 심　　조 증 락 각 천 마 담　　돌　재 범
非但能摧外道心이요 早曾落却天魔膽이로다 咄, 再犯을

불 용
不容이로다

　잠자코 있다가 이르되, "대장부가 지혜의 칼을 잡았으니 반
야般若의 칼날에 금강金剛의 불꽃이구나. 다만 능히 외도外道의
마음만을 꺾은 것이 아니라 벌써 천마天魔의 간담을 떨어뜨렸
다네."

　"돌咄. 재차 범하는 것은 용납하지 않으리라."

　설잠스님은 그렇게 길지 않은 글인데도 선문을 자주 인용하였
다. 이 글은 영가스님의 증도가證道歌의 한 구절이다. 앞에서 밝힌
그 고준한 경계, 즉 '깨달은 이의 지혜라야 알 바요 그 밖의 경계가
아닌' 세계는 불교의 정법을 제대로 아는 사람으로서 지혜의 칼을

지닌 사람들의 경계이다. 정법과 거리가 있는 소승불교를 공부하는 사람들이나 기타 다른 종교나 다른 철학을 공부하는 사람들로서는 감히 엿볼 수 없는 경지이다. 더 이상 왈가왈부하지 마라. 그것이 "돌咄"의 의미다.

5

眞性甚深極微妙

참다운 성품은 깊고 깊어서 지극히 미묘하니

   진실로 "참다운 성품은 깊고 깊어서 지극히 미묘하다."면 이렇게 말을 시작해도 되겠는가. 그러나 어쩌랴, 수많은 중생들이 의상스님만을 바라보고 있으니 설사 허물을 뒤집어쓰더라도 자비심이 많은 보살은 그냥 있지를 않는다. 앞에서 "이름도 없고 모양도 없어 일체를 여의었으므로 깨달은 이의 지혜라야 알 바요, 그 밖의 경계가 아니로다."라고만 하고 보살성인이 조용히 침묵만을 지키고 자신의 인기 관리만 하고 있다면 그것이 무슨 보살인가. 그것이 무슨 화엄행자인가. 설사 똥칠을 하고 흙칠을 하더라도 그 지극히 미묘한 이치를 헐어서 중생들에게 맛을 보여야 할 것이다.

약 론 대 화 엄   중 중 무 진 법 계   불 섭 순 문   조 시
若論大華嚴의 重重無盡法界ㄴ댄 不涉脣吻하야 早是

설 료 야　불 간 교 승　　조 이 연 료 야
說了也며 不干教乘하야 早已演了也라

만약 대화엄大華嚴의 중중重重하여 다함이 없는 법계를 논할진
댄 입술을 거치지 않고서 벌써 설하여 마친 것이며, 교승教乘에
관계치 않고서 벌써 연설하여 마친 것이다.

중중 중중 중중하고 무진 무진 무진한 우주법계란 실로 불가사
의하다. 사람의 신체를 중심으로 하여 작은 쪽으로 무한히 작게
세분하여도 그 끝이 없으며, 큰 쪽으로 무한히 확대해 나아가도 또
한 그 끝이 없다. 경전에서 2천6백여 년 전에 일찍이 한 방울의 물
속에 8만4천의 충이 있다고 하였다. 요즘의 과학으로 우리들 몸속
에 1백 조의 세포가 있고 그 낱낱 세포 속에 다시 또 1백 조의 세포
가 있어서 무한히 분화되고 복제가 된다는 것을 알고 있다.

또 우주과학이 발달하여 얼마나 멀리까지 위성들의 세계가 펼쳐
져 있는지를 아는가. 허블망원경으로 수백억 광년 저 멀리까지
무한히 우주가 존재하고 있다는 것을 다 보고 있는 시대다. 그래
서 지구와 똑같은 자연환경을 지닌 별을 찾기에 과학자들은 혈
안이 되어 있다. 이 또한 화엄경에서 설하고 있는 화장장엄세계
그대로다.

직요계성   위설상   산색   위신기   진산하
直饒溪聲으로 爲舌相하고 山色으로 爲身器하고 盡山河

대지   위적장   총정비정   위중회   언설   불
大地로 爲寂場하고 惣情非情으로 爲衆會라도 言說을 不

착   찬양   난진   상사   입무봉하처   강생천
着이요 讚揚을 難盡이어늘 湘師가 入無縫罅處하야 强生穿

착   소위피기무창   물상지야
鑿하니 所謂彼既無瘡이어든 勿傷之也라

　설사 시냇물 소리로 혀를 삼고, 산색山色으로 몸을 삼으며, 온
산하대지로 적멸도량寂滅道場을 삼고, 모든 유정有情과 비정非情으
로 대중들의 모임을 삼는다고 하여도 말을 붙일 수 없고 찬양
을 다하기 어렵거늘 의상법사가 구멍을 꿰맨 데가 없는 곳에
들어가 억지로 천착穿鑿을 내었으니, 이른바 "그에게 이미 상처
가 없다면 더 이상 상처를 내지 말라."고 한 것이다.

　당송팔대가 중의 한 사람인 소동파蘇東坡거사가 무정설법無情說
法의 이치를 깨닫고 지은 시가 있다. 흔히 그의 오도송이라고도
한다.

계성변시광장설溪聲便是廣長舌

산색기비청정신山色豈非淸淨身

야래팔만사천게夜來八萬四千偈

타일여하거사인他日如何擧似人

"시냇물 흐르는 소리가 곧 부처님의 크고 큰 설법이거늘

산천의 아름다운 모습들이 어찌 청정법신 부처님이 아니랴.

밤이 되니 팔만사천의 게송이나 되는 것을

다른 날 이 이치를 어떻게 사람들에게 이해시키겠는가."

눈을 뜬 사람들의 안목에서 보면 저 드넓은 우주에서부터 산하
대지와 산천초목들이 본래 그대로 아무런 탈이 없는 존재이거늘
달리 무슨 입을 놀려 왈가왈부하겠는가.

　

수 연　　　교 해 파 란　　　불 애 묵 미　　　상 사　　　좌 관
雖然이나　教海波瀾이　不礙默味ㄹ새　湘師가　坐寬하사

탕 탕 지　　　임 타 도　　　법 성 원 융 무 이 상　　제 법 부 동
蕩蕩地하야　任他道하대　法性圓融無二相하니　諸法不動

본 래 적　　　무 명 무 상 절 일 체　　　증 지 소 지 비 여 경
本來寂이요　無名無相絶一切하니　證智所知非餘境이라

92

사구　도진요야　불차홍분　변유풍류　기상
四句가 **道盡了也**니 **不搽紅粉**에 **便有風流**의 **氣象**이로다

　비록 그러나 가르침의 바다가 넓고 깊음이 침묵의 맛에 방해
되지 아니하기에 의상법사가 포용[坐寬]하여 걸림 없이 탕탕하
게 이르되 "법法과 성性이 원융圓融하여 두 가지 모양이 없으니,
모든 법은 움직이지 아니하여 본래부터 고요하도다. 이름도 없
고 모양도 없어 일체를 여의었으니, 깨달은 이의 지혜라야 알
바요 그 밖의 경계가 아니로다."라고 한 이 네 구절에서 모두
다 말해 버린 것이니 붉은 분粉을 바르지 않고도 곧 풍류風流가
있는 기상氣象이다.

　고인이 승찬대사의 신심명信心銘을 "지도무난至道無難 유혐간택唯
嫌揀擇 단막증애但莫憎愛 통연명백洞然明白"이라는 네 구절에서 모두
다 말해 버렸으며 그 이하는 모두가 네 구절의 주석에 불과하다고
하였다. 설잠스님은 법성게가 앞의 네 구절에서 하고자 하는 뜻을
다 말해 버렸고 나머지는 화장이며 장엄에 불과하다고 하였다. 법
성게를 공부하는 이들은 이 말의 의미를 깊이 새겨야 할 것이다.

차도 사구 환유이사량계교 분별의식야무
且道하라 四句에 還有你思量計較와 分別意識也無아

자적장 지우금일 변시일조철 무이접취처
自寂場으로 至于今日히 便是一條鐵이라 無你接觜處로대

상사 자비지고 불석미모 유락초지담 변도
湘師가 慈悲之故로 不惜眉毛하고 有落草之談하야 便道

진성 심심 극미묘 조시십분대니대수거
하대 眞性이 甚深하야 極微妙라하니 早是十分帶泥帶水去

야 산승 금일 중위주각 갈등 불소
也어든 山僧이 今日에 重爲注脚하니 葛藤이 不少로다

또한 일러 보아라. 이 네 구절에 또한 그대의 사량계교와 분별의식이 있는가, 없는가? 적멸도량으로부터 오늘에 이르기까지가 바로 통째로 무쇠덩이라서 그대의 주둥이를 댈 곳이 없는데 의상법사가 자비한 까닭에 눈썹을 아끼지 않고 바닥에 떨어진 말을 하여 곧바로 이르되, "참다운 성품은 깊고 깊어서 지극히 미묘하다."라고 한 것이니, 벌써 충분할 만큼 진흙과 물을 뒤집어쓴 것인데 산승山僧이 오늘 거듭 주각注脚을 내니 허물[葛藤]이 적지 않도다.

적멸도량[寂場]이란 부처님이 열반에 드신 도량을 말한다. "적멸도량으로부터 오늘에 이르기까지가 바로 통째로 무쇠덩이라서 그대의 주둥이를 댈 곳이 없다."는 것은 부처님이 이미 입을 다물었거늘 누가 무엇을 안다고 부처님이 깨달은 것에 대해서 횡설수설할 수 있겠는가. 모두가 큰 허물을 뒤집어쓰고 자신의 잘못을 감수하면서 왈가왈부해 보는 일이다. 그래도 깨달은 사람들의 자비심은 자신의 허물을 돌아보지 않는다. 그래서 바닥에 떨어진 말이라도 하는 것이다.

"참다운 성품은 깊고 깊어서 지극히 미묘하다."라고 하면서 비로소 천하의 제일가는 명언을 우레처럼 진동시켜 세상에 큰비를 내려 흠뻑 적시게 된 것이다. 어찌 "진흙과 물을 뒤집어쓴 것"이라고만 할 것인가. 설잠스님도 "주각을 내어 허물이 적지 않다."라고는 하였으나 그 또한 기존의 교리적 해석에서 선사의 안목으로 선리禪理로 거량하였으니 이 또한 기쁘지 아니한가. 만약 설잠스님의 말씀대로라면 이 필자는 어쩌란 말인가.

전　　운　법성자　　융정예　　　통진속　　소위불가
前에 云한 法性者는 融淨穢하고 通眞俗하야 所謂不可

95

취불가사　약제일체　　부득전법계지지　　약첨일
取不可捨니 若除一切ㄴ댄 不得全法界之智하고 若添一

사　　　부득명청정지계자야
事ㄴ댄 不得名清淨之界者也어니와

　앞에서 말한 "법성法性이란 정淨과 예穢를 융화하고 진眞과 속
俗에 통하여 이른바 취할 수도 없고 버릴 수도 없다." 함이니,
만약 일체를 제한다면 법계法界의 지혜를 온전히 얻지 못하고,
만약 하나의 일이라도 덧붙이면 청정법계清淨法界라는 이름을
얻지 못할 것이다.

　진성眞性의 의미가 법성法性의 의미와 다르다는 것을 밝히기 위하
여 다시 법성의 뜻을 거론하였다. 법성이란 정淨과 예穢를 융화하
고 진眞과 속俗에 통하여 이른바 취할 수도 없고 버릴 수도 없는 본
래 그대로이다. 달리 무슨 취할 것이 있고 버릴 것이 있겠는가. 그
래서 이 세상과 이 우주가 본래로 청정법계인 것이다. 그러나 세분
해서 말하면 진성과는 다르면서 같고 같으면서 다른 점이 있다.

차운 진성자　별취 유정문중　증입분　퇴신일
此云 眞性者는 **別取有情門中**에 **證入分**하니 **退身一**

보　가작진성지명　비지법성외　별유일단진성
步하야 **假作眞性之名**이요 **非指法性外**에 **別有一段眞性**

야
也라

　여기에서 말한 진성眞性이란 따로 유정문有情門 가운데서 참다
운 지혜로 진리를 증득하는 것[證入分]을 취한 것이니, 몸을 한
발 물리어 임시로 진성이라는 이름을 지은 것이요, 법성 밖에
따로 일단의 진성이 있다고 지시한 것은 아니다.

　크게 보면 진성도 모두 법성에 포함되지만 굳이 진성이라고 했을
때는 사람으로서 참다운 지혜로 진리를 증득하는 그 참성품을 임
시로 가설하여 진성이라고 말한 것이다. 그러나 역시 법성 밖에 따
로 진성이 있는 것은 아니다. 사람도 사람의 참성품도 모두가 법성
안에 포함되기 때문이다.

약시장인   수간   유분   약시원돈기중   횡간
若是藏人이 竪看에 有分커나 若是圓頓機中에 橫看인댄

조시착료야   불수불횡   차 도   시십마소식   횡
早是錯了也니 不竪不橫하고 且道하라 是什麼消息고 橫

수   차치일변   자마생시심심지도리
竪는 且置一邊하고 作麼生是甚深底道理오

만약 장교藏敎를 배우는 사람이라면 차제次第를 밟아 보게 되어 있다거나[竪看有分] 만약 원돈圓頓의 근기에 속한 사람 중에서는 일거에 보기 마련이라고[橫看] 하면 벌써 틀려 버린 것이니, 차제도 말고 일거도 말고서 어쨌든 말해 보라. 이것이 어떠한 소식인가. 차제니 일거니[橫竪] 함은 우선 치워 두고 무엇이 이 "매우 깊다."는 바의 도리인가.

장교藏敎를 배우는 사람이란 즉 삼장교三藏敎인 수다라장修多羅藏과 비니장毘尼藏과 아비담장阿毘曇藏을 배우는 사람을 말하며, 대승과 소승에 다 통하는 말이지만 이것은 특히 소승교를 달리 칭하는 말이다. 그래서 소승교의 사람들은 범부에서 성불에 이르기까지 3아승지겁 등의 세월을 거치면서 수많은 차제를 밟아 올라가게 되어 있다는 주장이다. 반대로 화엄경과 같은 원돈교圓頓敎의 이치에

속한 사람은 처음 발심할 때에 곧바로 정각을 이루어서 시간을 요하지 않고 일거에 모든 수행을 다 마쳐 버린다. 아무튼 이 두 가지를 다 제쳐 두고 "매우 깊다."라는 도리란 무엇인가?

이 위 진 야　　전 시 몽 환　　이 위 가 야　　순 시 실 상
以謂眞也에 **全是夢幻**이요 **以謂假也**에 **純是實相**이니

비 성 비 상　　비 진 비 가　　이 성 이 상　　이 진 이 가
非性非相이며 **非眞非假**로대 **而性而相**하며 **而眞而假**일새

고　　운　　심 심 야
故로 **云**하대 **甚深也**라하니라

진眞이라고 말함에 전부가 몽환夢幻이요, 가假라고 말함에 순전히 실상實相이니, 성품도 아니고 형상도 아니며 진眞도 아니고 가假도 아니지만 성품이면서 형상이고 진眞이면서 가假이기 때문에 "매우 깊다."고 한 것이다.

"참다운 성품은 매우 깊다."라는 도리를 설명하였다. 참다운 성품을 누가 알랴. 참다운 성품이라고 하니 어느새 낱낱이 꿈이요 환영이며, 거짓 성품이라고 하니 어느새 낱낱이 순전히 진실한

모습이다. 그 물건은 참도 되고 거짓도 되며, 성품도 되고 형상도 되는지라 진실로 종잡을 수 없다. 화엄의 안목으로 보면 처음부터 그렇게 되어 있다. 그것을 양면을 다 부정하면서 양면을 다 수용하는 중도적 견해라고나 할까. 그래서 "매우 깊다."고 한 것이다.

계 문 수 지 묘 지   완 시 초 심   즉 심 야   불 가 득
契文殊之妙智하대 **宛是初心**이니 **則深也**를 **不可得**이요

입 보 현 지 현 문   증 무 별 체   즉 천 야   불 가 득
入普賢之玄門하대 **曾無別體**니 **則淺也**를 **不可得**이라

　문수文殊의 묘지妙智에 계합하되 완연히 초심初心이니 "깊다" 함이 있을 수 없는 것이요, 보현普賢의 현문玄門에 들어갔으되 일찍이 별체別體인 적이 없으니 "얕다"고 함이 있을 수 없다.

　사람들이 불법을 만나 수행하고 또 수행을 해서 궁극에 이르러 갈 수 있는 경지가 문수보살이 터득한 미묘한 지혜라고 할 수 있으나 그러나 그것은 본래의 첫 마음 그대로다. 그런 것을 달리 "깊다" 할 것이 무엇이겠는가. 설사 보현보살의 현묘한 경지에 들어갔다

하더라도 특별한 자체가 있는 것이 아니라 그 또한 사람 사람이 본래로 갖춘 것이어서 "얕다" 할 것은 아니다.

妙有는 得之而不有ㄹ새 眞也를 不可得이며 眞空은 得

之而不空일새 假也를 不可得이라 理絶名言이 謂智斷修

證일새 故로 云하대 極微妙也라하니 還會麽아 莫謂如來가

成斷滅하라 一聲이 還續一聲來로다

　묘유妙有는 이것을 얻되 있지 아니한 까닭에 진眞이라는 것이 있을 수 없으며, 진공眞空은 이것을 얻되 공하지 아니한 까닭에 가假라 함도 있을 수 없는 것이다. 이치가 이름과 언어를 여읜다 함은 지혜가 닦아 증득함을 떠나 있음을 말하는 것이기 때문에 "지극히 미묘하다."고 한 것이다. 도대체 알기나 하는가? "여래如來가 단멸斷滅을 이룬다고 하지 말라. 한 소리가 또한 한 소리를 잇대어 오도다."

묘하게 있음도 진성眞性을 얻어서 있으므로 있으나 있지 아니하여 참됨을 얻을 수 없으며, 참으로 비었음도 진성을 얻어서 비었으므로 비지 아니하여 거짓을 얻을 수 없다. 이름이나 말로는 표현할 수 없고, 지혜는 닦아서 증득하는 것이 아니기 때문에 "지극히 미묘하다."고 한 것이다.

흔히 진공이라고 하면 진공을 터득한 여래는 아무것도 없다[斷滅]고 하지만 그렇게 알지 말라. 실체가 없는 소리도 다시 소리가 이어져서 계속된다. 그것이 묘유이다. 그렇다고 해서 또 묘유에 집착하지 말라. 묘유인 진공이다.

6

불 수 자 성 수 연 성
不守自性隨緣成

자성을 지키지 않고 인연을 따라 이루도다.

사람을 위시하여 일체 존재는 현재 상태로 고정되어 있으면서 변화하지 않는 것이 없다. 자세히 살펴보면 시시각각으로 천변만화하면서 생로병사하고 또 생로병사하고 또 생로병사하면서 무한히 이어진다. 춘하추동이 그렇고 생주이멸이 그렇고 성주괴공이 그렇다. 그러므로 어떤 변화든 모든 변화를 당연한 것으로 알아야 한다. 지극히 미묘한 진성眞性, 참마음의 변화무쌍한 작용이야 무엇인들 되지 않겠는가. 인연만 되면 부처도 되고 보살도 되고 지옥, 아귀, 축생, 무엇이든 다 된다.

일 체 법　　본 래 무 성　　일 체 성　　본 래 무 주　　무 주
一切法은 **本來無性**이요 **一切性**은 **本來無住**니 **無住**면

즉 무 체　　무 체　　즉 수 연 불 애　　수 연 불 애　　고　　불
則無體요 **無體**면 **則隨緣不礙**라 **隨緣不礙**ㄹ새 **故**로 **不**

103

수 자 성　　이 성 시 방　삼 세 의
守自性하야 **而成十方**과 **三世矣**니라

　일체의 법은 본래 자성이 없음이요 일체의 자성은 본래 안주
함이 없으니 안주함이 없으면 실체가 없고 실체가 없으면 인
연을 따라 걸리지 아니하고 인연을 따라 걸림이 없기 때문에
자성을 지키지 아니하여 시방과 삼세를 이루는 것이다.

　사람의 이 한 몸이 중생의 몸도 되고, 국토의 몸도 되고, 업보의
몸도 되고, 성문, 연각, 보살, 부처의 몸도 되고, 지혜의 몸도 되고,
법의 몸도 되고, 허공의 몸도 되고, 시방과 삼세, 무엇 하나 되지 않
는 것이 없다.

　　자 성 자　　제 법 무 상　본 래 청 정 지 체 야　　회 마
　自性者는 **諸法無相**한 **本來淸淨之體也**니라 **會麼**아

거 년 매　금 년 유　안 색　　형 향　　총 의 구
去年梅에 **今年柳**여 **顔色**과 **馨香**이 **捴依舊**로다

　자성이란 모든 법이 형상이 없어 본래 청정한 체體이니라. 아
는가?

"지난해의 매화에 금년의 버들이니 안색과 소리가 모두 예와 같도다."

무엇이든 다 되는 모든 법의 그 자성은 아무런 형상이 없지만 본래로 청정한 그 자체이다. 없으면서 있고 있으면서 없는 이 도리를 알겠는가? 천 번 태어나고 만 번 태어나면서 성씨도 다르고 얼굴도 다르면서 참마음인 그 한 물건의 작용은 영원히 변함없다.

7

일 중 일 체 다 중 일
一中一切多中一

하나 가운데 일체며 많은 가운데 하나로다.

사람이든 사물이든 일체 존재를 화엄경의 안목으로 보면 모두 하나 가운데 일체가 있고, 또 많은 것 가운데 하나이기도 하다. 그래서 하나와 많은 것이 서로서로 수용하면서 각각 독립되어 혼동하지 않는 것이 마치 텅 빈 방에 천 개의 등불을 밝힌 것과 같다. 천 개의 등불을 하나의 방에 밝혔어도 서로서로 방해하지 않고 자신의 빛을 모두 발하면서 다른 등불과 조화를 이루고 융화하여 더욱 아름답고 밝게 비춘다. 우리들 사람도 70억 인구가 이 지구촌이라는 한 방에 같이 살면서 더욱 융화하고 즐겁고 환희로워야 하리라. 이것이 화엄경의 안목이다.

소 이　　불 수 자 성　　　수 연 이 성 고　　일 법　　무 자 성
所以는 **不守自性**하야 **隨緣而成故**니 **一法**이 **無自性**

고　　구일체　　　이성일　　일체법　무자성고　　이일
故로 具一切하야 而成一하고 一切法은 無自性故로 以一

법　　　이성일체　　시고　　일중　일체　　　다　불애어
法으로 而成一切라 是故로 一中에 一切하야 多가 不礙於

일　　　일체중　일　　　일　불애어다
一하고 一切中에 一하야 一이 不礙於多니라

　그 까닭은 자성을 지키지 아니하여 인연을 따라 이루기 때문이니 한 법이 자성이 없기 때문에 일체를 갖추어 하나를 이루는 것이요, 일체의 법이 자성이 없기 때문에 하나의 법으로써 일체를 이루는 것이다. 이러한 까닭에 하나 가운데 일체이어서 많은 것이 하나에 걸리지 않고, 일체 가운데 하나이어서 하나가 많음에 걸리지 않는다.

　만약 사람이나 사물들의 자성이 고정불변하여 그대로 있는 것이라면 어찌 눈앞에 펼쳐진 것과 같은 천변만화가 성립되겠는가. 인연을 따라 무한히 변화하고 발전하므로 어린아이는 어른이 되고 범부는 성인이 되는 것이다. 또한 봄날의 어린 싹은 가을에 무수한 결실을 가져오는 것이다. 이런 이치를 모르고 눈앞에 보이는 사실만을 가지고 섣불리 사람들을 판단해 버린다면 그 얼마나 큰 실수

인가. 살피고 또 살필 일이다.

이마　　즉일호단리　　삼세제불　　처처도생　　무
伊麽인댄 **則一毫端裏**에 **三世諸佛**이 **處處度生**하고 **無**

변찰해　　일체중생　　개개열반　　　호단　　찰해　　공
邊刹海에 **一切衆生**이 **箇箇涅槃**이어니와 **毫端**과 **刹海**는 **空**

화중　　경계　　제불　　중생　　몽환중　　물색
花中의 **境界**요 **諸佛**과 **衆生**도 **夢幻中**의 **物色**이라

　이러한즉, 한 터럭 끝에서 삼세의 모든 부처님이 곳곳에서 중생을 제도하며 가없는 세계바다에서 일체 중생이 낱낱이 열반하거니와 터럭 끝이든 세계바다든 허공 꽃 가운데의 경계요, 모든 부처님이든 중생이든 꿈과 환영 가운데의 물색物色이다.

　하나 가운데 일체가 있으므로 아주 작은 미세먼지 속에서도 과거 미래 현재의 모든 부처님이 곳곳에서 한량 없는 중생들을 제도한다. 또한 수십억 광년 저 멀고 먼 세계에 있는 일체 중생들은 낱낱이 다 열반에 든다. 작은 미세먼지든 드넓은 우주든 부처든 중생이든 모두가 몽환夢幻이며 공화空華다. 몽환과 공화를 무엇 때문

에 수고로이 붙잡으려 할 것인가.

비여허공　수변일체　　이역불리어일진　요식
譬如虛空이 **雖遍一切**하대 **而亦不離於一塵**이니 **要識**

허공건립지소식마　의첨산색　연운취　출함화지
虛空建立底消息麼아 **倚簷山色**은 **連雲翠**요 **出檻花枝**

　대로향
는 **帶露香**이로다

　비유하자면 허공이 비록 일체에 두루 하지만 또한 먼지 하나를 떠나지 않음과 같으니라. 허공이 건립하는 바의 소식을 알고자 하는가?

　"처마에 기대인 산색은 구름에 연이어 푸르고, 난간을 벗어난 꽃가지는 이슬과 향기를 띠었더라."

　"한 터럭 끝에서 삼세의 모든 부처님이 곳곳에서 중생을 제도하며 가없는 세계바다에서 일체 중생이 낱낱이 열반하는 도리"를 비유하여 밝히기를 허공은 모든 것에 두루 하지만 하나의 먼지를 떠나지 않음과 같다고 하였다. 온 우주법계가 아무리 드넓다 하더라도 작은 미세먼지에 즉卽해 있어서 시간적으로 한순간도 떠나 있는 것이 아니며, 공간적으로 1밀리도 간격이 있는 것이 아니다. 설잠스님은 선미禪味가 풍기는 선시로 착어着語하였다.

"처마에 기대인 산색은 구름에 연이어 푸르고, 난간을 벗어난 꽃가지는 이슬과 향기를 띠었더라."

8

<ruby>一<rt>일</rt></ruby><ruby>即<rt>즉</rt></ruby><ruby>一<rt>일</rt></ruby><ruby>切<rt>체</rt></ruby><ruby>多<rt>다</rt></ruby><ruby>即<rt>즉</rt></ruby><ruby>一<rt>일</rt></ruby>

일 즉 일 체 다 즉 일
一即一切多即一

하나가 곧 일체며 많은 것이 곧 하나이다.

하나 가운데 일체가 있으며 많은 가운데 곧 하나인 이치가 완연
하다면 그것은 저절로 하나가 곧 일체가 되며 많은 것이 곧 하나
가 된다. 깨어 있는 눈으로 볼 때 우리가 본래로 "하나 가운데 일
체며 많은 가운데 하나."라면 완벽한 조화를 이루고 융화하여 살
아야 한다. 즉 한 사람의 생각과 행동이 70억이 생각하고 행동하
듯이 하고, 70억이 생각하고 행동하는 것이 설사 서로 다르더라도
곧 한 사람이 하듯이 해야 한다. 그것이 본래로 완벽한 조화의 세
계인 화장장엄세계다.

소이   일 중   일 체   다 중   일 고   이 유 일 법 고
所以는 一中에 一切며 多中에 一故니 以有一法故로

즉 유 일 체   이 유 일 체 고   즉 유 일 법   이 유 중 생 고
即有一切하고 以有一切故로 即有一法하며 以有衆生故

_로 即有諸佛_{하고} 以有諸佛故_로 即有衆生_{이라}

즉유제불   이유제불고   즉유중생

그 까닭은 하나 가운데의 일체며 많은 가운데의 하나이기 때문이니, 한 법이 있기 때문에 곧 일체가 있고 일체가 있기 때문에 곧 한 법이 있는 것이며, 중생이 있기 때문에 곧 모든 부처님이 있고 모든 부처님이 있기 때문에 곧 중생이 있는 것이다.

하나 가운데의 일체며 많은 가운데의 하나일 뿐만 아니라 마음과 부처와 중생이 각각 아무리 다르고 많더라도 근본적으로 차별이 없다. 부처님이 있어서 중생이 있고 중생이 있어서 부처님이 있는 까닭이 여기에 있다. 서로서로 걸림이 없고 원융한 이치가 바로 화엄에서 보는 이치이다.

허공 무애 생 불 무이 연생 무주 인
虛空_이 無礙_{하야} 生_과 佛_이 無二_요 緣生_이 無住_{하야} 因

과 동시 무량원인 불출어찰나 무변과해
果_가 同時_{ㄹ새} 無量圓因_이 不出於刹那_{하고} 無邊果海_가

불 리 어 당 념　　요 식 허 공 동 작 지 소 식 마　　죽 영 소 계
不離於當念이니 **要識虛空動作底消息麼**아 **竹影掃階**

진 부 동　　월 천 담 저 수 무 흔
塵不動이요 **月穿潭底水無痕**이로다

　허공이 걸림이 없어 중생과 부처가 두 가지가 아니고 인연으
로 생기는 것이 머무름이 없어서 원인과 결과가 동시이기에 한
량없는 원만한 원인이 찰나를 벗어나지 않고 가없는 불과의 바
다가 현재의 생각을 여의지 않는 것이다. 허공이 동작하는 바
의 소식을 알고자 하는가?

　"대나무 그림자 섬돌을 쓸되 먼지가 일지 않고, 달빛이 연못
바닥을 뚫되 물에는 흔적이 없도다."

　여기에 이어지는 글이 있어서 그 뜻을 더욱 분명하게 하고 있다.
"물이 급하게 흘러도 주변 경계는 항상 고요하고[水流任急境常靜], 꽃
잎이 비록 어지럽게 떨어져도 마음은 스스로 한가하네[花落雖頻意自
閑]."라고 하였다. 지극히 미묘한 참성품의 자리에서 볼 때 중생이
면 무엇하고 부처면 또 무엇하겠는가? 모두가 한갓 말에 불과할
뿐이다. 선시란 아름다우면서도 여운이 깊고 오래 간다. 부디 연이
어서 읽고 또 읽어 가며 음미하기를 바란다.

죽영소계진부동 竹影掃階塵不動

월천담저수무흔 月穿潭底水無痕

수류임급경상정 水流任急境常靜

화락수빈의자한 花落雖頻意自閑

굳이 뜻을 다 알 필요가 있겠는가. 반만 알고 반은 남겨 뒀다가
다음에 알면 된다.

9

일 미 진 중 함 시 방
一微塵中含十方

하나의 먼지 가운데 시방세계를 포함하고 있으며

　깨어 있는 화엄의 안목으로 볼 때 공간적인 것은 하나의 작은 먼지 속에 저 드넓은 시방세계가 다 포함되어 있다는 사실이 너무나 신기하다. 앞의 "하나 가운데 일체며 많은 가운데 하나로다. 하나가 곧 일체며 많은 것이 곧 하나이다."라는 구절에서 이미 일부의 뜻을 밝혔지만 세상의 좁은 안목으로 볼 때 많은 것과 적은 것, 큰 것과 작은 것, 높은 것과 낮은 것의 차별과 갈등과 반목이 언제나 심하여 사람들이 괴로움을 겪는데 이 경구 하나의 뜻을 잘 새겨서 삶에 적용한다면 훌륭한 처방전이 될 것이다. 하나의 먼지 가운데 시방세계를 포함하고 있거늘 어찌 작은 것이 작은 것이며 큰 것이 큰 것이겠는가.

　지 자 일 성 아 중　포 함 무 진 법 계　무 량 생 불　정
只這一星兒中에 **包含無盡法界**하야 **無量生佛**이 淨

115

토　예토　일일충만　일일주변　무흠무여　이
土와 穢土를 一一充滿하고 一一周遍하대 無欠無餘라 伊

마　　즉지자일성아　환유허다한량마　무량법계
麼인댄 則只這一星兒에 還有許多限量麼아 無量法界

환유허다기량마
에 還有許多伎倆麼아

　다만 이 하나의 먼지 가운데 무궁무진한 법계를 포함하여 한
량없는 중생들과 부처님이 정토淨土와 예토穢土에 낱낱이 충만
하고, 하나하나에 두루 퍼지되 모자람도 없고 남음도 없다. 이
와 같다면 다만 이 작은 하나의 먼지에 또한 그 많은 양이 있
는가? 한량없는 법계에 또한 그 많은 능력이 있는가?

　저 앞에서도 잠깐 언급한 바가 있지만 설잠스님이 "이 작은 하나
의 먼지에 또한 그 많은 양이 있는가? 한량없는 법계에 또한 그 많
은 능력이 있는가?"라고 하셨으므로 같은 뜻이 될지 모르지만 현
대의 상식으로 해석하자면 손톱만 한 컴퓨터의 칩 속에 수억만 권
의 책이 다 들어 있는 것과 같은 이치이며, 돌조각 하나에 수십억
년 지구의 역사가 다 들어 있음을 아는 이치이며, 사람을 위시한 모
든 동물과 모든 식물의 작은 세포 하나하나에 그 사람, 그 동물,

그 식물의 모든 정보가 고스란히 다 들어 있어서 얼마든지 복제하고 분화하는 것이 가능한 이치이다.

咄, 要大_돌에 即大_{요대}요 要小_{즉대}에 即小_{요소}라 一塵_{즉소}에 計十方_{일진}할새 _{계시방}

十方_{시방}이 爲小_{위소}요 以十方_{이시방}으로 量一塵_{양일진}할새 一塵_{일진}이 爲大_{위대}니 無_무

緣起故_{연기고}며 無自性故_{무자성고}라 爲甚如此_{위심여차}오 昨夜_{작야}에 金烏_{금오}가 飛入_{비입}

海_해러니 曉天_{효천}이 依舊一輪飛_{의구일륜비}로다

"돌咄." 크고자 하면 곧 큰 것이요, 작고자 하면 곧 작은 것이어서 하나의 먼지에서 시방세계를 헤아리므로 시방세계가 작음이 되고, 시방세계를 가지고 하나의 먼지를 헤아리므로 하나의 먼지가 큼이 되는 것이니, 연기緣起가 없기 때문이며 자성自性이 없기 때문이다. 어찌하여 이와 같은가.

"어젯밤에 해[金烏]가 바다로 날아들었는데 새벽하늘에 여전히 하나의 둥근 바퀴가 되어 날아오르도다."

"돌뙈"은 또 무슨 "돌뙈"인가. 일체 존재의 이치를 바르게 깨달은 안목과 최첨단 과학적 지식과 기술을 가진 이라면 큰 것과 작은 것이 원융하여 걸림이 없고 많은 것과 적은 것이 또한 상즉상입相卽相入하여 장애가 없다는 사실을 너무나 쉽게 알고 증명하여 보인다. 결코 신기하거나 이상한 일이 아니다. 해가 뜨고 지는 일이나 달이 뜨고 지는 일과 조금도 다르지 않다. 그냥 일상사일 뿐이다.

10

일 체 진 중 역 여 시
一切塵中亦如是

일체의 먼지 가운데서도 또한 이와 같도다.

앞에서 "하나의 먼지 가운데 시방세계를 포함하고 있다."고 하였는데 그 이치는 어느 특정한 먼지나 사물만 그런 것이 아니라 일체 먼지, 일체 사람, 일체 사물이 한결같이 다 같다. 이 세상에서 어찌 특정한 사람이나 특정한 사물이 있겠는가. 그래서 진정으로 평등한 것이다.

지자시방법계 개개 시일미진 일미진 역
只這十方法界는 **个个**히 **是一微塵**이어니와 **一微塵**도 **亦**

불가득 여광여영 역여인다라망 호상참철
不可得이니 **如光如影**하며 **亦如因陁羅網**이 **互相叅徹**하고

중중교영 일일보중 중상 무진
重重交映일새 **一一寶中**에 **衆象**이 **無盡**하니라

이러한 시방법계는 낱낱이 곧 하나의 작은 먼지이거니와 하

119

나의 작은 먼지도 또한 있을 수 없으니, 빛과 같고 그림자 같으며 또한 인드라그물이 서로서로 참여하여 사무치며 거듭거듭 주고받아 비추어서 하나하나의 보석 가운데 여러 모양이 다 함이 없음과 같다.

지구가 크고 우주가 크고 우주에 있는 별들이 아무리 크고 많더라도 그것은 모두 본래 하나하나의 작은 먼지로 이루어졌다. 우리가 사는 이 지구가 처음 생길 때 먼지가 하나하나 모여서 45억여 년의 세월을 지나면서 이렇게 되었고, 다른 많은 위성들도 모두 그와 같은 과정을 거치면서 저렇게 하늘에서 빛나고 있다는 사실을 이제 우리는 너무나 잘 안다. 그러나 이 지구와 다른 모든 별들까지도 먼지가 모여서 이뤄지고, 머물고, 변화하고, 다시 먼지로 돌아가서 없어지는 과정을 반복하고 있어서 작은 먼지 하나도 잡아낼 길이 없다. 그래서 실체는 없으나 분명하게 있는 빛과 같고 그림자와 같다. 그래서 마치 인드라그물을 이루고 있는 낱낱 보석에 서로서로 비치는 그림자들이 무궁무진하지만 다만 그림자로 존재할 뿐이다.

일일불국 만시방　　시방　입일　역무여　비의
一一佛國이 滿十方하대 十方이 入一도 亦無餘라 非擬

의　소지　비지안　소견　　하야　경행　급좌와
議의 所知요 非智眼의 所見이니 何也오 經行과 及坐臥가

상 재 어 기 중
常在於其中이로다

　하나하나의 불국佛國이 시방세계에 가득히 차되 시방세계가
하나의 불국에 들어가더라도 또한 남음이 없다. 생각으로 헤아
려서 알 바가 아니요 지혜의 눈으로도 볼 바가 아니니 무슨 까
닭인가.

　"걸어 다니고 앉고 눕는 것이 늘 그 가운데에 있도다."

　시방세계가 하나의 국토에 들어가는 이치를 생각으로 헤아려서
알 수 없으며, 지혜의 눈으로도 알 수 없다고 하였다. 보는 눈과
보이는 대상이 나눠지는 경계가 아니며 하나의 국토와 시방세계가
둘이 아닌 경계이기 때문이다. 그러므로 "걸어 다니고 앉고 눕는 것
이 늘 그 가운데에 있도다."라고 한 것이다. 여기까지는 공간적인
것이 원융하여 걸림이 없음을 설파하였다. 아래는 시간적으로 원
융하여 걸림이 없음을 나타내었다.

11

무 량 원 겁 즉 일 념
無量遠劫即一念

한량없이 오랜 겁이 곧 한순간이요

한량없이 오래고 오랜 겁이 곧바로 한순간인 것은 아무리 길고
긴 억만 년의 시간이라 하더라도 아주 짧은 한순간을 떠나서는 존
재할 수가 없어서 그 긴 시간이 곧 한순간에 속해 있기 때문이다.
그러므로 한순간과 한량없는 오랜 겁이 같은 것이며 하나인 것이
다. 공간적인 이야기이거나 시간적인 이야기가 그냥 이루어지는 것
이 아니다. 화엄의 안목에 기준을 두고 이해해야 하는 차원이다.

여 전 소 설　　미 진　　시 방　　무 유 자 성 체 상 고　　일
如前所說하야 **微塵**과 **十方**이 **無有自性體相故**로 **一**

체 고 금　　삼 세 제 불　　종 초 발 심　　입 보 현 원　　궁 미
切古今의 **三世諸佛**이 **從初發心**으로 **立普賢願**하야 **窮未**

래 제　　불 리 여 금
來際히 **不離如今**이라

122

앞에서 설한 바와 같이 작은 먼지와 시방세계가 자성의 체와
상이 없기 때문에 일체 고금의 삼세제불이 처음 발심發心함으
로부터 보현의 원을 세워 미래의 끝이 다하도록 지금을 떠나
지 않는 것이다.

아주 작은 미세먼지가 되었든 우리들이 사는 이 지구와 지구의
수천 수만 배의 큰 별들과 은하계 전부가 되었든 그 실상을 찾아
보면 어디에도 자성의 체와 상이 없기 때문에 그 위에 거주하고 있
는 부처나 중생들의 실상도 또한 그 자성의 체와 상이 없으므로 모
든 부처님이 발심해서 성불하고 다시 보현의 행원을 일으켜서 미래
제가 다하도록 교화하는 일이 지금의 한순간 한 생각을 떠나 있지
않다.

혹경해일성　　혹탄지일하　　내지양미순목　　무불
或謦欬一聲과 **或彈指一下**와 **乃至楊眉瞬目**이 **無不**

시제불방편　　차도　　환상위실마　　불리당처　　상
是諸佛方便이니 **且道**하라 **還相透悉麼**아 **不離當處**하야 **常**

123

담 연　　멱 즉 지 군　불 가 견
湛然하니 覓則知君 不可見이리라

　혹은 기침 소리 한 번이나 혹은 손가락 튕기는 것 한 번에서
내지 눈썹을 찡긋하고 눈을 깜박임에 이르기까지 모든 부처님
의 방편 아님이 없으니 어떻든 말해 보라. 대체 자세히 알고
있기나 하는가.

　"이 자리를 여의지 않고 늘 담연湛然한 것이지만 그렇다고 해
서 그것을 찾아보아야 볼 수 없음을 그대는 알리라."

　한 마음의 이치를 알고 그것만을 거량하는 선객들은 기침 소리
한 번이나 손가락을 튕기는 것이나 눈썹을 찡긋하고 눈을 깜박이
는 것이나 주장자를 들어 보이는 것이나 고함을 치는 것이나 손가
락을 들어 보이는 것 등등이 모두 그 한 물건임을 보라고 하는 방
편이다. 그러나 그 한 물건이 그토록 분명하고 명확하지만 실체를
찾아보면 그 누구도 찾을 수 없을 것이다. 이것이 그것의 실상이
다. 역시 영가스님 증도가의 일절이다.

12

일 념 즉 시 무 량 겁
一念即是無量劫

한순간이 곧 한량없는 겁이니라.

한량없는 오랜 겁이 곧 한순간이기 때문에 한순간이 곧 한량없는 겁이 되는 것은 당연한 이치이다. 다시 말하면 한순간과 한량없는 겁은 곧 하나이며 같은 것이기 때문이다. 그래서 순간순간 안에 수많은 세월이 낱낱이 포함되어 있는 것이 마치 잠깐 꿈을 꾸는데 수십 년의 일생이 지나가는 것과 같다. 그리고 그 꿈속에는 수십 년의 세월만 있는 것이 아니라 수십 년 동안 겪은 사건과 무수한 공간과 하늘과 해와 달과 별들까지도 다 들어 있다. 우리가 현실에서 보고 듣고 느끼고 아는 모든 것들이 다 들어 있다. 참으로 신기하지 않은가.

즉금   일 념   긍 철 십 세   횡 변 시 방   건 립 일 체
即今에 **一念**이 **亘徹十世**하고 **橫遍十方**일새 **建立一切**

125

諸佛_{하야} 同時_에 度生_{하고} 行布一切衆生_{하야} 同時_에 滅

度_라

지금의 한 생각이 십세十世에 걸쳐 사무치고 시방에 두루 퍼
지는 것이니, 일체 모든 부처님을 건립하여 동시에 중생을 제
도하고, 일체 중생을 펼쳐서 동시에 열반[滅度]하는 것이다.

꿈이 그렇듯이 현실의 우리들 한 생각도 그와 같아서 부처님의
세계에서 펼쳐지는즉 중생들을 제도하는 온갖 일과 중생들이 한순
간에 다 같이 열반에 드는 일들까지도 지금의 한순간에 다 포함되
어 있다. 마치 곡식의 씨앗이나 사람의 세포 안에 모든 것이 다 있
어서 조금도 부족함 없이 그대로 나타내 보이는 것과 같은 것이다.

非古非今_{이며} 非新非舊_니 且道_{하라} 無量遠劫_에 還有

時分也無_아 無影樹下_에 合同船_{이어늘} 瑠璃殿上_에 無知

식
識이로다

옛날도 아니고 지금도 아니며, 새것도 아니고 오랜 것도 아니니, 아무튼 말해 보라. 한량없는 오랜 겁에 또한 시간이라는 것이 있는지.

"그림자 없는 나무 아래에서 같은 배에 올랐는데 유리의 전각 위에 아는 이 없도다."

깨달음의 안목으로 보면 공간이나 시간이 전혀 다른 차원이 된다. 실은 새롭게 다른 차원이 되는 것이 아니라 본래 그와 같은 차원으로 존재하는 것을 알게 되고 보게 된다.

"그림자 없는 나무 아래" 운운은 벽암록 제18칙 충국사의 이음새 없는 탑[忠國無縫]이라는 내용의 글이다. 설잠스님은 선의 안목이 높아서 인용한 글들이 모두 영가스님의 증도가를 위주로 한 선문禪文이다.

13

九世十世互相卽

구세九世와 십세十世가 서로서로 따르는데

불교에서는 시간을 10세를 세워 말한다. 9세와 10세란 과거, 현재, 미래의 3세에 각각 다시 과거, 현재, 미래의 3세를 세우고, 다시 9세를 포용하는 현전 일념인 1세를 더하여 10세라 한다. 시간을 그와 같이 세분화하더라도 그 모든 10세는 서로서로 연결되어 있다. 마치 손가락이 손에 연결되어 있는 것과 같아서 독립되어 있는 것이 아니다. 그러므로 1백 년에서 단 1초만 빼 버려도 1년도, 2년도, 1백 년도 성립될 수 없다.

일념   다겁   동시   무애   고   삼세중   각구
一念과 多劫이 同時하야 無礙일새 故로 三世中에 各具

삼세   이융어평등지세   법법   상주   교철무
三世하대 而融於平等之世하야 法法이 常住하대 交徹無

애
礙라

한 생각과 많은 겁이 때를 같이 하여 걸림이 없는 까닭에 삼세三世 가운데 각각 삼세三世를 갖추되 평등한 일세一世에 융합하고 법과 법이 항상 머물되 서로 사무쳐서 걸림이 없다.

깨달음의 견해를 가장 잘 표현한 경문은 화엄경이다. 그리고 화엄경에서는 일체 존재가 각각 걸림 없이 존재하고 작용한다는 무애의 이치를 사사무애事事無礙로써 밝혔다. 시간이든 공간이든 모든 것을 동시同時에 다 갖추고 있음을 바다의 한 방울 물에 천만 종류의 하천과 강의 물이 다 갖춰져 있는 것과 같다고 하였다. 그야말로 모든 시간 모든 공간이 서로서로 사무쳐서 걸림이 없다.

14

<ruby>仍<rt>잉</rt></ruby> <ruby>不<rt>불</rt></ruby> <ruby>雜<rt>잡</rt></ruby> <ruby>亂<rt>란</rt></ruby> <ruby>隔<rt>격</rt></ruby> <ruby>別<rt>별</rt></ruby> <ruby>成<rt>성</rt></ruby>

仍不雜亂隔別成

그래도 잡란하지 아니하여 사이를 나누어 다르게 이루도다.

만약 구세九世와 십세十世가 서로서로 따르게 되면 혼잡하고 어지러워서 뒤섞이게 되겠지만 그렇지가 않고 과거는 과거대로 현재는 현재대로 미래는 미래대로 각각 나누어져서 다르게 성립한다. 마치 한순간의 꿈속에서 수십 년의 세월을 꿈꿔도 뒤섞이거나 혼잡하지 않고 정연하게 시간의 질서를 유지하는 것과 같다. 어디 시간뿐인가. 공간도 역시 그와 같아서 정연하게 따로따로 성립된다.

有體면 則有雜하고 有相이면 則有亂이어니와 無體면 則

無相일새 故로 無用爲用하고 無用爲用故로 其用이 不窮
이라

체體가 있으면 섞임이 있고 상相이 있으면 어지러움이 있거니

130

와 체體가 없으면 곧 상相이 없는 까닭에 무용無用이 용用이 되고 무용無用으로 용用을 삼는 까닭에 그 용用이 다하지 않는다.

참다운 성품은 온 우주에 가득하여 일체가 그것으로 존재하건만 고정불변하는 형체가 없고 형상이 없기 때문에 섞이지도 아니하고 잡란하지도 아니한다. 그러면서 그 참성품의 작용은 무궁무진하여 모든 시간과 모든 공간을 다 채운다.

건립삼세   역재아   수섭일념   역재아   삼세
建立三世도 **亦在我**요 **收攝一念**도 **亦在我**니 **三世**가

일시   일시   삼세   불이고   이즉신   불이신
一時요 **一時**가 **三世**라 **不異古**하대 **而即新**이며 **不異新**하대

이시고   일체긍연   고금   무간   장위소림소
而是古일새 **一體亘然**하아 **古今**이 **無間**하나라 **將謂少林消**

식단   도화의구소춘풍
息斷이러니 **桃花依舊笑春風**이로다

삼세三世를 건립함도 또한 나에게 있고 한 생각에 거두어들임도 또한 나에게 있으니 삼세三世가 일시一時요 일시一時가 삼

세三世라. 예와 다르지 아니하면서 곧 새롭고 새로움과 다르지 아니하면서 바로 옛것일새 일체一體로써 뻗친 듯이 예와 지금에 간격이 없다.

"소림少林의 소식消息이 끊겼는가 여겼더니, 복숭아꽃이 예대로 봄바람에 활짝 피었네."

'참성품', '참나'의 지극히 미묘한 도리는 천겁의 세월이 지나도 옛날의 것이 아니고 만세의 세월에 뻗어 있어도 언제나 지금이다. 그래서 과거 현재 미래를 무한히 펼치는 것도 '참나'에 있고, 무한한 과거와 현재와 미래를 한순간에 거두어들이는 것도 또한 '참나'에 있다. 모든 것은 나에게 있으므로 내가 마음대로 한다. 마치 한순간의 꿈에 수십 년의 세월을 보내는 것과 같다.

흔히 말세가 되고 세월이 많이 흘러서 달마스님이 전하신 선법禪法이 끊어져서 이제는 세상에 없다고들 하는데 그런 소리를 하지 말라. 여기 설잠스님이 있어서 이와 같이 법성게를 선리禪理로 설파하고 있지 않는가.

15

초 발 심 시 변 정 각
初發心時便正覺

처음 발심發心한 때가 곧바로 정각正覺이니

발심의 심心이란 무슨 마음인가. 보리심이며, 불심이며, 이타심이며, 진심이며, 본래심이며, 일심이다. 그와 같은 마음을 발했을 때이미 바른 깨달음이 성취가 된 때이다. 마음이 어디 앞과 뒤가 있는가. 앞과 뒤가 없는 가운데서도 굳이 앞과 뒤를 나눈다면 발심인 앞의 마음을 소중하게 한다.

열반경에

"첫 발심과 성불이 다르지 않으나

두 가지 마음 중에 첫 발심이 어렵도다.

자신은 아직 제도되지 못했으나 남을 먼저 제도하니

그러므로 처음 발심한 이에게 예배합니다.

처음 발심하면 이미 인천의 스승이니

성문과 연각보다 수승하도다.

이와 같은 발심은 삼계를 지나갔으니

그러므로 '가장 높은 이'라고 부르도다."4)라고 하였다.

또 처음 보리심을 발한 일은 그 공덕이 너무나 위대하기 때문에 화
엄경에 초발심공덕품初發心功德品이 따로 있어서 얼마나 높고 크고
넓게 찬탄하였는지 모른다. 게송 하나만 인용하면 다음과 같다.

"세간에 이익 주려고 큰마음을 내니

그 마음이 시방세계의

중생과 국토와 삼세의 법과

부처님과 보살의 가장 수승한 바다에 두루 하도다."5)

了知眞性이 無生하며 無自性하며 無緣起며 絶對待하야

如是而發心하고 如是而行李할새 故로 初發心時에 圓圓

果海를 已遍了也니라

참성품이 생멸이 없으며 자성이 없으며 연기도 없어 대대對

---

4) 發心畢竟二不別 如是二心先心難 自未得度先度他 是故我禮初發心 初發已爲人天師 勝
出聲聞及緣覺 如是發心過三界 是故得名最無上.
5) 爲利世間發大心하니 其心普徧於十方의 衆生國土三世法과 佛及菩薩最勝海로다.

待가 끊어졌다는 것을 확연히 알아서 이와 같이 발심發心하고 이와 같이 이행하는 까닭에 처음 발심한 때에 원만하고 원만한 불과佛果의 바다를 이미 두루 하여 마친 것이다.

진정으로 처음 보리심을 발한 마음은 어떤 마음일까. 앞에서 열반경을 인용하여 밝혔듯이 "자신은 아직 제도되지 못했으나 남을 먼저 제도한다."는 마음이다. 달리 표현하면 남을 먼저 이롭게 하겠다는 이타심利他心이 보리심이다. 그와 같은 마음을 처음으로 발했을 때 곧 "원만하고 원만한 불과佛果의 바다를 이미 두루 하여 마친 부처님의 경지"가 된다. 다시 무엇을 더 바라겠는가.

所謂善財童子가 不離法界하며 遍歷百城하고 不越初
心하야 便登樓閣을 方信道하리라 休論長安好風流어니 得
便宜是落便宜로다

이른바 "선재동자善財童子가 법계를 여의지 아니한 채 일백의 성城을 두루 거치고 초심初心을 넘지 아니한 채 바로 미륵의 누각에 올랐다고 함"이 바야흐로 사실인 것이다.

"장안長安의 좋은 풍류 논하지 말라. 편의便宜를 얻는 것이 편의便宜를 잃는 것도 되는 법이네."

선재동자는 시방의 과거나 현재나 미래 일체 수행자들의 본보기이며, 표준이며, 모범이며, 대표가 된다. 다른 사람을 먼저 이롭게 하겠다는 보리심을 발하여 수많은 지역을 지나고 수많은 시간을 보내면서 53선지식을 찾아다니면서 불법의 요긴한 점을 질문하였다. 선지식을 친견할 때마다 질문하는 내용은 한결같았다. "보리심을 발했는데 무엇이 남을 먼저 이롭게 하는 보살행이며, 어떻게 하면 보살행을 닦으며, 어떻게 하면 보살행을 실천하는 것인가?" 하는 것이다. 처음 문수보살을 친견하고 마지막 미륵보살, 문수보살, 보현보살을 친견할 때까지 언제나 같은 마음이며 같은 질문이었다. 그래서 처음 보리심을 발한 때가 곧 정각을 성취한 것이었다. 보리심과 보살행과 정각은 하나였다.

서울에 고급스러운 의식주가 넘쳐나고 볼 것, 들을 것, 즐길 것이 너무너무 많다고들 하지만 내가 앉은 자리가 어디이든 내 마음이 편하고 즐거우면 그만 아니겠는가. 대강 이런 뜻이다.

16

생 사 열 반 상 공 화
生死涅槃常共和

생사와 열반이 항상 함께 어울린다.

생사란 중생들이 수많은 우여곡절과 고통을 겪으면서 살아가는
일이고, 열반이란 그 모든 우여곡절과 고통이 다 사라진 항상하
고, 즐겁고, 변하지 않는 참나이고, 청정한 불국토이다. 그러나 그
것이 어디 서로 다른 것이겠는가. 그믐날 새벽 3시 순천 송광사의
관음전 법당은 칠흑같이 어두웠으나 성냥불을 하나 켜니 그 어둠
은 순식간에 사라져 버렸다. 어둠이 문틈으로 빠져나간 것이 아니
라 어둠이 곧 밝은 것이었다. 이와 같이 밝음인 열반과 어둠인 생
사는 항상 함께 어울려 있다.

약 론 생 사   즉 시 보 현   경 계   약 론 열 반   즉 시
若論生死ㄴ댄 卽是普賢의 境界요 若論涅槃인댄 卽是

구 박 윤 회   차 도   열 반   여 윤 회   상 거   기 하   무
具縛輪廻니 且道하라 涅槃과 與輪廻에 相去가 幾何오 無

명실성   즉불성   환화공신   즉법신
明實性이 **即佛性**이요 **幻化空身**이 **即法身**이로다

　만약 생사를 논할진댄 바로 이것이 보현普賢의 경계인 것이요, 만약 열반을 논할진댄 바로 이것이 속박된 윤회인 것이니 아무튼 말해 보라. 열반과 윤회가 서로 떨어진 것이 얼마나 되는지를.

　"무명無明의 진실한 성품이 곧 불성佛性이요, 환화幻化인 공한 몸이 곧 법신法身이로다."

　설잠스님이 즐겨 인용하는 영가스님의 증도가이다. 번뇌무명의 본래성품이 곧 진여불성이다. 진여불성이 번뇌무명을 버리고 어디 따로 있겠는가. 어둠이 곧 밝음인 것과 같이. 작은 바늘에 찔려도 아프고, 자동차에 약간만 부딪혀도 허물어지고, 생명이 떠나면 곧바로 썩어 문드러지는 그와 같은 허망한 이 육신이 그대로 영원무궁한 청정법신이다. 진심과 망심은 서로 어우러져서 사무치고 육신과 법신은 하나인 것이다.

　필자는 선방에 있을 때 새벽 도량석을 하면 으레 증도가로써 할 정도로 일찍부터 좋아하였는데 여기에서 이렇게 자주 만나다니.

17

이 사 명 연 무 분 별

理事冥然無分別

이理와 사事가 드러나지 않아 분별함이 없으니

이理와 사事가 드러나지 않아 분별함이 없지만 때로는 이는 사를
따라서 무궁무진한 변화를 이루고, 사는 이를 얻어서 윤택하고 융
성하여져서 살맛이 나게 한다. 예컨대 여자는 남자를 따라 그 인
생이 거지의 부인도 되고 왕의 왕비도 된다. 또한 남자는 여자를
만나서 가정을 잘 이루면 그 삶이 윤택하고 안정되고 평화로워진
다. 만약 여자를 만나지 못했다면 사회적으로 아무리 성공하였더
라도 그 인생은 바싹 마른 조화와 같고 모래바람만 몰아치는 사
막과 같다. 이와 같은 이치가 이와 사의 관계다. 사찰에서의 이판
理判과 사판事判의 관계도 꼭 같다. 사판을 잘 만난 이판은 아주 윤
택하다. 그렇지 못한 이판은 밖에서는 알아줄지 몰라도 안에서는
매우 곤고困苦하다. 그렇다고 해서 이판이 사판 쪽을 기웃거리면
망신만 크게 하고 만다.

설리   설사   종유천반   불과심심진성   불수
說理며 **說事**가 **縱有千般**이라도 **不過甚深眞性**과 **不守**

자성이이   진성지리   묘용   항연   진성지사   법
自性而已라 **眞性之理**는 **妙用**이 **恒然**하고 **眞性之事**는 **法**

법   상융
法이 **常融**하니라

　이理를 설하고 사事를 설함에 비록 천 가지가 있더라도 "깊고
깊은 참성품과 자성을 지키지 않는다."는 것에 지나지 않을 따
름이다. 참성품의 이치는 미묘한 작용이 끊임없고, 참성품의
사事는 법과 법이 항상 원융하도다.

　이理니 사事니 하는 설명은 모두가 깊고 깊은 참성품에서 그 성
품을 고집하지 아니하고 무수한 상황과 인연들을 따라 가히 말할
수 없고 말할 수 없이 많은 작용과 사실들을 창조하여 낸다. 실
로 천변만화하는 것이다. 그러나 실로 참성품의 작용들이어서 조
각조각이 모두 전단향이고, 비녀 반지 수저 그릇이 모두 금일 따
름이다.

동 림 　울 밀 　 남 악 　 차 아 　보 현 지 경 　 문 수 면 목
東林이 欝密에 南岳이 嵯峨는 普賢之境에 文殊面目이요

반 라 등 정 　 　설 병 채 연 　 　문 수 지 지 　 보 현 묘 용
攀蘿登頂하야 挈瓶採蓮은 文殊之智에 普賢妙用이라

　동쪽 숲이 빽빽함에 남쪽 산이 우뚝함은 보현의 경계에 문수
의 면목面目이요, 넝쿨 잡고 정상에 올라 병瓶을 쥐고 연꽃을 따
는 것은 문수의 지혜에 보현의 묘용이다.

　예컨대 불보살의 형상을 모시고 점안點眼을 할 때의 글에,
"전단향나무로 중생의 모습을 만들고
여래나 보살의 형상을 만들어서
만 가지 얼굴과 천 가지 머리가 비록 각각 다르더라도
만약 그 향기를 맡아 보면 모두가 같은 향기가 난다."[6]
라고 하였다.

　문수보살을 이理라 하고 보현보살을 사事라 하여 문수를 부처님
의 소남少男이라 하고 보현을 부처님의 장자長子라 하지만 어찌 문

---

[6] 栴檀木做衆生像 及與如來菩薩形 萬面千頭雖各異 若聞薰氣一般香. (석문의범)

수보살은 이만 고집하고 보현보살은 사만 고집하겠는가. 그렇다면 그들은 이미 문수도 아니고 보현도 아니리라. 문수의 묘지妙智와 보현의 묘용妙用은 그와 같은 옹고집쟁이가 아니지 않은가.

연기시   적적무성   무성처   상상연기   환상
緣起時에 的的無性하대 無性處에 常常緣起하니 還相

위실마   일지   구족일체지   비색비심비행업
委悉麼아 一地에 具足一切地하니 非色非心非行業이로다

　연기緣起할 때에 분명코 자성이 없으되 자성이 없는 데서 언제나 연기하나니, 대체 자세히 알기나 하는가.

　"하나의 지위가 일체의 지위를 구족함이니 색色도 아니고 심心도 아니며 행업行業도 아니로다."

　고정되어 변하지 않는 자성이 없으므로 인연을 따라 천변만화로 일어난다. 만약 고정되어 변하지 않는 자성이 있다면 인연을 따라 일어날 수가 없다. 그래서 어떤 것이든 하나의 지위에 일체의 지위를 구족하였으므로 무엇이든 다 될 수 있다. 육신도 아니고 마음도 아니고 업도 아니면서 육신도 되고 마음도 되고 업도 된다. 그

142

뿐만 아니라 부처도 된다. 지옥도 되고, 축생도 되고, 아귀도 되고, 아수라도 되고, 천신도 된다. 역시 영가스님 증도가의 일절이다.

18

십 불 보 현 대 인 경
十佛普賢大人境

십불十佛과 보현普賢과 같은 대인大人의 경계이다.

이러한 경지는 어떠한 경지인가. 열 종류의 부처님 경지이거나 부처님 장자인 보현보살 같은 대인의 경지이다.

열 부처님이란 화엄경 이세간품에서 밝힌 바는 다음과 같다.

"불자여, 보살마하살이 열 가지 부처님을 말하나니 무엇이 열인가. 이른바 정각正覺을 이루는 부처님과 서원誓願의 부처님과 업보業報의 부처님과 머물러 있는[住持] 부처님과 열반한 부처님과 법계法界인 부처님과 마음 부처님과 삼매 부처님과 본성품 부처님과 따라 즐기는 부처님이니 이것이 열이니라."⁷⁾

요 견 대 인 경 계 마　적 유 인　종 천 태 래　　각 종 남
要見大人境界麼아 適有人이 從天台來어늘 却從南

---

7) 佛子야 菩薩摩訶薩이 說十種佛하나니 何等이 爲十고 所謂成正覺佛과 願佛과 業報佛과 住持佛과 涅槃佛과 法界佛과 心佛과 三昧佛과 本性佛과 隨樂佛이니 是爲十이니라.

144

악 거
岳去로다

대인의 경계를 보고자 하는가.

"마침 어떤 사람이 천태산天台山으로부터 오더니 도리어 남악
南岳으로 간다."

열 부처님이나 보현보살과 같은 대인의 경계가 어떤지 보고 싶은
가? 마침 저기 길에서 오고 가는 흔하디 흔한 보통 사람들이라네.
대인도 참마음으로 대인이 되고 소인도 참마음으로 소인이 되었
다. 온통 참성품, 참마음뿐인데 달리 무슨 대인과 소인을 찾는가.

19

<ruby>能<rt>능</rt></ruby><ruby>入<rt>입</rt></ruby><ruby>海<rt>해</rt></ruby><ruby>印<rt>인</rt></ruby><ruby>三<rt>삼</rt></ruby><ruby>昧<rt>매</rt></ruby><ruby>中<rt>중</rt></ruby>

能入海印三昧中

능히 해인삼매海印三昧 가운데 들어가서

능입能入은 능인能人이라고 되어 있는 곳이 많다. 언제부터인가 한번 잘못 표기하게 되니 그것이 그렇게나 고쳐지지 않고 세상에 파다하게 퍼져 나갔다. 깊은 뜻은 그만두더라도 다음 구절인 번출繁出이라는 말과 서로 대칭을 이루는 것만 보아도 쉽게 알 수 있는 말이다.

해인삼매海印三昧란 해인정海印定이라고도 하는데 부처님과 보살들이 화엄경을 설하려 할 때에 들어간 선정禪定의 이름이다. 마치 바다에 풍랑이 쉬면 삼라만상이 모두 바닷물에 비치는 것과 같이 번뇌가 끊어진 부처님의 선정심禪定心 가운데 과거 현재 미래의 모든 법이 환하게 나타나므로 해인정海印定이라 하고, 부처님과 보살들이 이 선정에 능히 들어가서[能入] 10조 9만 5천 48자의 설법을 마음껏 풀어낸 것이다. 즉 화엄경의 설법은 이 해인삼매에 들어가므로 가능한 것이었다.

어진성중 현리 현사 종유다단 추기자성
於眞性中에 **顯理**며 **顯事**가 **縱有多端**이라도 **推其自性**

요 불 가 득 즉 불 여 중 생 내 진 성 중 지 광 영
하야 **了不可得**인댄 **則佛與衆生**이 **乃眞性中之光影**이라

무 불 가 성 무 생 가 도 단 일 진 성 이 이
無佛可成하며 **無生可度**하야 **但一眞性而已**니라

참성품 가운데서 이理를 드러내고 사事를 드러냄이 비록 여러 가지가 있더라도 그 자성을 추구하여 전혀 얻을 수가 없다면 부처와 중생이 다름 아닌 참성품 중의 그림자[光影]인 것이다. 부처를 가히 이룬다는 것도 없는 것이요, 중생을 가히 제도한다는 것도 없어서 그저 하나의 참성품일 따름이다.

참마음, 참성품의 공능을 깊이 깨달으면 이치를 드러내고 현상을 드러내는 일이 모두 참성품의 현현임을 알게 된다. 보이는 것과 보이지 않는 것, 들리는 것과 들리지 않는 것, 이 모두가 참성품의 현현이지만 그러나 그 참성품의 실체를 찾아보면 찾을 길이 없다. 부처니 중생이니 하는 것도 또한 그저 이 하나의 참성품일 따름이다.

여염부해중　소유염부산하대지　초목총림　추
如閻浮海中에 所有閻浮山河大地와 草木叢林을 推

기 실체　요 불가득　즉산하색상　내 대 해 지 광 영
其實體하야 了不可得인댄 則山河色相이 乃大海之光影

무 성 가 견　무 상 가 취　유 일 대 해 이 이　십 불
이라 無性可見하고 無相可取하야 惟一大海而已니 十佛

내 증　지 여 시 이
內證이 只如是耳로다

　마치 염부閻浮 바다 가운데 있는 염부의 산하대지山河大地와 초
목총림草木叢林을 그 실체를 추구하여도 아무것도 얻을 수가 없
다면 산하와 색상이 다름 아닌 저 큰 바다의 그림자라 성품을
가히 본다 함이 없으며 형상을 가히 취한다 함도 없어서 오직
하나의 큰 바다일 따름인 것과 같이 십불十佛의 내증內證함도 단
지 이와 같을 뿐이다.

　염부 바다란 남염부주 또는 남섬부주 등으로 불리는데 고대 인
도인의 세계관으로서 수미산 사방의 칠금산七金山과 철위산鐵圍山
사이의 함해鹹海 가운데 네 개의 대주大洲가 있다고 하여 사대주四
大洲를 말하는데 동승신주東勝身洲와 남섬부주南贍部洲와 서우화주西

牛貨洲와 북구로주北俱盧洲이다. 염부 바다는 곧 남섬부주의 바다다. 그 바다에 비친 산하대지와 초목총림의 실체가 없음을 비유로 들었다.

설잠스님은 앞에서 "십불十佛과 보현普賢과 같은 대인大人의 경계이다."라는 말을 이끌어 그 열 부처님과 보현도 부처님이나 보살들이 스스로 증득한 경계도 또한 염부 바다에 비쳐서 나타난 영상과 같은 것임을 설명하고 있다.

20

번 출 여 의 부 사 의
繁出如意不思議

마음대로 부사의한 경계를 무한히 만들어 낸다.

능히 해인삼매 가운데 들어가서 마음대로 부사의한 경계를 무한히 풍성하게 만들어 내고 있다. 그것은 곧 참성품[眞性]이 참성품에 머물러 있지 않고 인연을 따라[隨緣] 가며 사람들의 삶과 세상사와 화엄경과 같은 불가사의한 법문들을 무한히 풍성하게 만들어 낸다.

해 인 정 중　　소 기 지 법　　여 하 형 상　　비 성 비 상　　비
海印定中에 **所起之法**이 **如何形狀**고 **非性非相**이며 **非**

이 비 사　　비 불 비 중 생　　비 진 비 가　　이 소 설 지 교
理非事며 **非佛非衆生**이며 **非眞非假**어니와 **而所說之敎**가

즉 성 즉 상　　즉 이 즉 사　　즉 불 즉 중 생　　즉 진 즉 가
即性即相하며 **即理即事**하며 **即佛即衆生**하며 **即眞即假**니라

해인선정 가운데서 일어난 바의 법은 어떤 형상인가. 성性도 아니고 상相도 아니며, 이理도 아니고 사事도 아니며, 부처도 아

니고 중생도 아니며, 진眞도 아니고 가假도 아니지만 그러나 설한 바의 가르침은 곧 성性이면서 곧 상相이며, 곧 이理이면서 곧 사事이며, 곧 부처이면서 곧 중생이며, 곧 진眞이면서 곧 가假이다.

해인삼매란 곧 참성품이며, 참마음이며, 참나며, 차별 없는 참사람의 실다운 상태다. 세상의 그 어떤 것도 또는 출세간의 뛰어난 불법도 모두가 그 가운데서 일어난 법이다. 그런데 그것의 실상은 어떤 모습인가. 성품도 아니고 형상도 아니고 이치도 아니고 현상도 아니고 부처도 아니고 중생도 아니고 진실도 아니고 거짓도 아니다. 그러나 그 모든 것들이 아니면서 또한 그 모든 것들이다. 그래서 해인삼매란 완벽한 중도中道다.

일음연창   이수류각이   수류각이   이원섭
一音演暢하대 而隨類各異하며 隨類各異하대 而圓攝

일음   이중생   종종심   설중생   종종성   비식
一音하야 以衆生의 種種心으로 說衆生의 種種性하니 非識

151

정 소도 비사량 소급 고 운 여의부사 의
情의 **所到**요 **非思量**의 **所及**일새 **故**로 **云**하대 **如意不思議**

회 마 야 정 수 한 어 불 식 만 선 공 재 월 명 귀
라하니 **會麼**아 **夜靜水寒魚不食**하니 **滿船空載月明歸**로다

　일음—音으로 연창演暢하되 종류에 따라 각각 다르고, 종류를 따라 각각 다르되 일음—音에 원만히 거두어들여서 중생의 가지가지 마음으로써 중생의 가지가지 성품을 설한 것이다. 의식과 감정이 이르러 갈 바가 아니요, 사량思量의 미칠 바 아닌 까닭으로 '마음대로 하는 부사의한 경계'라고 한 것이니 알겠는가?

　"밤은 고요하고 물은 차서 고기가 물지 않으니, 빈 배에 달빛만 가득히 싣고 돌아온다."

　'해인삼매 중에 들어가서 마음대로 부사의한 경계를 무한히 만들어 내는 경지'는 한 가지 음성으로 법을 설해도 중생들의 종류를 따라 각각 다르게 이해하고, 각각 다르게 이해하더라도 또한 한 가지 음성에 원만히 포섭된다. 이와 같은 이치는 보통 사람들의 의식과 감정으로 알지 못하며 사량분별로도 미칠 바가 아니다. 그래서 불가사의라고 하였다. 이 불가사의한 경지를 어떻게 해야 하는

가. "밤은 고요하고 물은 차서 고기가 물지 않으니, 빈 배에 달빛만 가득히 싣고 돌아온다."라고나 할밖에.

　당唐 선자덕성船子德誠 스님의 이 게송은 본래

　천척사륜직하수千尺絲綸直下垂

　일파재동만파수一波纔動萬波隨

　야정수한어불식夜靜水寒魚不食

　만선공재월명귀滿船空載月明歸

라고 되어 있다. 선사들이 현실적인 일이 잘 풀리지 않을 때 원용하여 한 번씩 읊조리는 게송이다.

21

<ruby>雨<rt>우</rt></ruby> <ruby>寶<rt>보</rt></ruby> <ruby>益<rt>익</rt></ruby> <ruby>生<rt>생</rt></ruby> <ruby>滿<rt>만</rt></ruby> <ruby>虛<rt>허</rt></ruby> <ruby>空<rt>공</rt></ruby>

雨寶益生滿虛空

허공에서 가득하게 보배를 쏟아부어 중생들에게 이익을
주되

   사람의 삶이란 태어나면서부터 온통 경사와 축복으로 가득하
다. 그래서 인생은 환희로운 것이고 세상은 아름다운 곳이다. 이대
로가 화장장엄세계고 이대로가 청정법신비로자나불이다. 그야말
로 허공에서 가득하게 보배를 쏟아부어 중생들에게 이익을 주는 격
이다. 누가 세상을 무상하다 했으며, 누가 인생을 고통스럽다 했
는가. 이와 같이 순간순간 매일매일 온 천지 곳곳에 보배가 가득히
쏟아지고 있다.

   춘하추동 사계절이 바뀔 때마다 변화하는 산천초목들의 아름
다움은 모두 공짜가 아닌가. 여름날 뜨거운 햇살에 돈을 내는가.
따뜻한 봄볕은 또 어떻고. 가을밤 반달의 운치에, 겨울날 흩날리
는 눈과 나목을 스치고 지나가는 바람 소리에 누가 세금을 내라
하던가. 우리들의 삶에서 아직 1만분의 1도 드러내지 못했으나 참
으로 허공 가득 쏟아져 내리는 보배들이 아닌가. 또한 그러한 현

상들을 다 보고 듣고 느끼고 알고 하는 진여자성의 보배로움은 또 어떤가.

자 일 개 여 의 보   유 출 백 천 여 의 보   자 일 해 인 정
這一个如意寶가 流出百千如意寶하고 這一海印定

광 삼 매   유 출 백 천 해 인 정 광 삼 매   연 이   자 해 인 정
光三昧가 流出百千海印定光三昧라 然而나 這海印定

광 삼 매   비 단 십 불 대 인 경 계   독 증   일 체 중 생   각
光三昧는 非但十佛大人境界에 獨證이요 一切衆生이 各

유 십 불 대 인 경 계   해 인 정 광 삼 매   종 생   지 사
有十佛大人境界인 海印定光三昧하야 從生으로 至死하며

종 단   지 모   혹 진 혹 희   혹 어 혹 묵   일 일   각 유 일
從旦으로 至暮히 或嗔或喜와 或語或默에 一一이 各有一

일 해 인
一海印하나라

이 한 개의 여의보주如意寶珠가 백천 개의 여의보주를 유출하고 이 하나의 해인정광삼매海印定光三昧가 백천의 해인정광삼매를 유출한다. 그러나 이 해인정광삼매는 다만 십불十佛의 대인

155

경계에서만 홀로 증득하는 것이 아니요, 일체 중생이 각각 십불+佛의 대인경계인 해인정광삼매를 가져서 태어나서부터 죽음에 이르기까지 아침부터 저녁까지 성을 내든 기뻐하든 말을 하든 잠자코 있든 낱낱이 각각 하나하나의 해인海印이 있는 것이다.

사람 사람들은 모두 한 개의 여의보주가 있고, 그 한 개의 여의보주는 다시 백천만 개의 여의보주를 유출한다. 해인삼매도 그와 같아서 사람 사람에게 다 해인삼매가 있고, 그 해인삼매는 다시 또 백천만 개의 해인삼매를 유출한다. 이것이 어찌 십불+佛이나 보현과 같은 대인의 경계에서만 홀로 증득하는 것이겠는가. 모든 사람들이 다 같이 여의보주와 해인삼매를 가지고 있어서 무한과거 이전부터 무한미래 이후까지 앉으나 서나 가나 오나 행주좌와와 어묵동정에 한순간도 떠나지 않고 있으니 이 또한 경사스럽지 아니한가. 이 또한 기쁘고 즐겁지 아니한가.

일일해인   일일   유출중생번뇌해   일일번뇌
一一海印이 一一이 流出衆生煩惱海하고 一一煩惱

156

해   각 구 진 여 법 성 해   무 이 무 잡   고   기 만 허 공
海가 各具眞如法性海하야 無二無雜일새 故로 其滿虛空

익   단 팔 자 타 개   양 수 분 부 이 이
益을 但八字打開하야 兩手分付而已로다

하나하나의 해인이 하나하나마다 중생의 번뇌 바다를 유출하고, 하나하나의 번뇌 바다가 각각 진여법성眞如法性 바다를 갖추어서 두 가지가 없고 섞임이 없기 때문에 그 허공에 가득한 이익을 다만 두 팔을 벌리고[八字打開] 두 손으로 주고 또 줄 따름이다.

제법무행경諸法無行經에 "사람의 탐욕이 열반이요, 성내고 어리석음이 또한 그와 같다. 이러한 세 가지 일 가운데 한량없는 불도佛道가 갖추어져 있다."[8]라고 하였다. 불도가 없다면 어찌 탐욕을 부릴 줄 알겠으며 화내고 어리석을 줄 알겠는가. 그 능력과 그 미묘한 작용이 모두 우리들을 한순간도 떠나 있지 않는 불도의 능력이며 불도의 작용이다.

영명연수스님도『보살계를 받는 길』이라는 책에서 "탐욕이 곧 도

---

8) 貪欲是涅槃 恚癡亦如是 如此三事中 有無量佛道.

다. 화내고 성내는 것도 또한 다시 그러하다. 이와 같은 세 가지 법 가운데 일체 불법이 모두 갖추어져 있다."9)라고 하였다. 참으로 통쾌하기 이를 데 없다. 탐진치 삼독과 팔만사천 번뇌를 언제 다 버린단 말인가. 그것이 사람들의 살림살이인 것을. 그대로 두고 살자. 번뇌가 많을수록 부자라 했다. 특히 화엄경의 안목으로는 팔만사천 번뇌를 가지고 사는 우리들의 삶 그대로 완전무결한 것이라고 본다. 어떤 것을 없애거나 더하여 완전한 삶을 구가하는 것이 아니다.

---

9) 貪慾卽是道 瞋恚亦復然 如是三法中 具一切佛法.

22

중 생 수 기 득 이 익
衆生隨器得利益

중생들이 그릇 따라 이익을 얻는다.

하늘에서 아무리 많은 비가 쏟아지더라도 그릇이 작으면 빗물은
적게 담기고 그릇이 크면 많이 담기듯이 우리들 인생이 본래로 부
처님이나 보살들과 같은 지혜와 자비의 근본을 가지고 있어도 각
자가 어떤 안목의 그릇을 가졌는가에 따라 삶의 질과 양은 천양지
차로 달라진다. 그러므로 평소에 성인들의 가르침을 열심히 공부
하여 자신의 그릇을 크게 해야 할 필요가 있다. 그렇지 못하면 자
칫 안타까운 인생이 되고 만다. 예컨대 하늘에서는 환희의 보배 비
가 폭우가 쏟아지듯이 쏟아지고 있는데 만약 자신의 인생 그릇이
기울어져 있거나 엎어져 있다면 그 삶이 어떻겠는가.

대 부   가 중   기 기   개 금   해 인 정 중   법 법   개
大富의 家中에 器器가 皆金이라 海印定中에 法法도 皆

진   단 유 대 소   방 원   염 정   이 이   기 소 득 익
眞이로대 **但有大小**의 **方圓**과 **染淨**이 **異耳**니 **其所得益**은

불 시 타 법
不是他法이라

　큰 부자의 집안에는 그릇마다 다 금이요 해인정海印定 가운데
는 법마다 다 진리로되 다만 크고 작음과 모나고 둥긂과 물들
고 깨끗함이 다를 뿐이니, 그 얻은 바의 이익이 다른 법은 아
니다.

　큰 부자의 집은 누구네 집인가. 바로 우리들 모든 사람 본래 집
이다. 이 사실을 믿고 깊이 이해하는 것이 무엇보다 우선되어야 한
다. 이와 같은 사실을 믿는 것은 곧 불법의 창고 속에서 제일가는
재산이 되기 때문이다. 만약 믿음이 없는 사람이라면 평생을 부처
님의 밥을 먹으며 절에 살거나 불교와 가까운 인연을 맺고 살더라
도 마치 수십 년을 국을 떠다 나르더라도 국의 맛을 모르는 국자와
같은 인생이 되고 만다. 이 얼마나 애석하고 안타까운 일인가.

只爲大者를 言大하고 小者를 言小하며 方者를 言方하고

圓者를 言圓하며 染者를 言染하고 淨者를 言淨이요 非博小

以令大하며 刻方以爲圓하며 革染而說淨也니 會麽아 山

虛에 風落石하고 樓靜에 月侵門이로다

　다만 큰 것을 크다 하고, 작은 것을 작다 하며, 모난 것을 모
났다 하고, 둥근 것을 둥글다 하며, 물든 것을 물들었다 하고,
깨끗한 것을 깨끗하다고 말할 뿐이요, 작은 것을 넓혀서 크게
하고 모난 것을 깎아 둥글게 하며 물든 것을 고쳐 깨끗하다고
함이 아닌 것이니 알겠는가?

　"산이 텅 비었으니 바람이 돌에 부딪히고, 누각이 고요하니
달빛이 문에 들어오도다."

　본래로 완전무결하여 손댈 곳 없고 고칠 곳이 없다. 크면 큰 대
로 작으면 작은 대로 모났으면 모난 대로 둥글면 둥근 대로 더러
우면 더러운 대로 깨끗하면 깨끗한 대로 본래 그대로가 원만하고

완전무결한 것이다. 다만 어리석은 중생들은 그 사실을 모르고 불만스러워하고 불평할 뿐이다.

23

시 고 행 자 환 본 제
是故行者還本際

그러므로 행자行者가 본제本際로 돌아가니

누가 행자行者인가. 하루에 열 시간씩 좌선하고 기도하는 사람이 행자인가. 절을 백만 배씩 하는 사람이 행자인가. 팔만장경을 다 읽고 있는 사람이 행자인가. 중이 되려고 절에 처음 들어온 사람이 행자인가. 그리고 행자가 본제本際로 돌아간다고 하는데 시간적으로 그 본제를 일 분 일 초라도 떠나 본 사람이 있는가. 공간적으로 0.1밀리라도 거리를 두어 본 사람이 있는가. 돌아가기는 어디서 어디로 돌아간다는 말인가. 이쯤 말했으니 이제 약간 짐작이 가는가.

요 식 본 제 마　문 선　선 시 망　구 리　이 비 친
要識本際麼아 問禪인댄 禪是妄이요 求理ㄴ댄 理非親이니

직 요 현 회 득　　야 시 안 중 진
直饒玄會得이라도 也是眼中塵이로다

본제本際를 알고자 하는가?

"선禪을 물으면 선禪은 바로 망妄이요, 이치를 구하면 이치는 멀어진 것이니, 설사 깊이 알았다 하더라도 또한 눈 속의 티끌인 것이다."

행자行者가 본제本際로 돌아가니 처음도 끝도 모두가 본제이기에 본제를 알고자 한다는 말이 이미 잘못된 것이다. 그래서 "선禪을 물으면 선禪은 바로 망妄이요, 이치를 구하면 이치는 멀어진 것이 된다."고 하였다. 마치 머리가 있는데 다시 머리를 찾는 격이 되고, 또한 머리 위에 머리를 얹는 격이 된다. 머리 위에 다시 머리를 얹으면 어떤 모습이 되겠는가. 그리고 얹어지기나 하는가.

24

파 식 망 상 필 부 득
叵息妄想必不得

망상을 쉬지 않으려 해도 반드시 되지 않으리라.

본제에 돌아간 사람에게는 망상이란 실재하는 것이 아니라서 실재하는 것이 아닌 줄 알면 그 즉시 망상은 사라지고 만다. 사실은 사라질 망상도 없는 것이다. 망상이란 말만 존재하지 망상은 본래 없다. 이와 같은 이치를 알다 보니 망상을 쉬지 않으려고 해도 쉬지 않을 수 없다. 이 구절을 이와 달리 해석하여 "가히 망상을 쉬지 않으면 반드시 얻지 못한다."라고 하는데 그것은 화엄경과는 거리가 먼 해석이다. 있지도 않은 망상을 언제 쉬고 본제本際를 얻는다는 말인가.

삼 세 제 불   시 수 시 귀   역 대 선 사   시 박 지 범 부
三世諸佛은 是守屍鬼요 歷代禪師는 是博地凡夫라

직 요 불 설   보 살 설   찰 설   삼 세 일 시 설
直饒佛이 說하고 菩薩이 說하며 刹이 說하고 三世가 一時說

불 이 전 비 열 완 명 성　　어 향 상 일 착　요 몰 교 섭
이라도 **不異煎沸熱椀鳴聲**이니 **於向上一着**에 **了沒交涉**이라

진 대 지　시 업 식　　망 망　　무 본 가 거　하고　단 이
盡大地가 **是業識**일새 **茫茫**하야 **無本可據**니 **何故**오 **但以**

가 명 자　인 도 어 중 생
假名字로 **引導於衆生**이로다

　삼세의 모든 부처님은 바로 시체를 지키는 귀신이요, 역대 선사는 곧 못난[博地] 범부이다. 설사 부처님이 설하고 보살이 설하며 국토가 설하고 삼세가 일시에 설한다 하더라도 끓는 주전자의 김 새는 소리와 다르지 아니한 것이니 향상向上의 일착 —着에는 아무 관계가 없다. 온 대지가 곧 업식業識이 망망茫茫하여 의거할 근본이 없으니 무슨 까닭인가.

　"다만 거짓 명자名字로써 중생을 인도한 것뿐이다."

　선가禪家에서는 높은 안목과 높은 견해를 대단히 중요시한다. 그래서 향상일착자向上一着子니 향상일로向上一路니 하는 말을 즐겨 쓴다. "삼세의 모든 부처님은 바로 시체를 지키는 귀신이요, 역대 선사는 곧 못난[博地] 범부이다."라는 말이 고준한 견해를 높이 사는 데서 나온 말이며, 또 "부처님이 설하고 보살이 설하며 국토가 설

하고 삼세가 일시에 설한다 하더라도 끓는 주전자의 김 새는 소리와 다르지 아니한 것이다."라고 말한다.

선불교는 대승보살행을 세상에 펼치는 것보다 높은 견해와 안목을 우선시하는 까닭에 설잠스님도 이 법성게를 처음부터 선해禪解로 풀어 나간 것이다. "삼세의 모든 부처님은 바로 시체를 지키는 귀신"이라니 반드시 이와 같은 말로 표현하지 않으면 표현할 길이 없는지 필자는 모를 일이다. 또한 "설사 부처님이 설하고 보살이 설하며 국토가 설하고 삼세가 일시에 설한다 하더라도 끓는 주전자의 김 새는 소리와 다르지 아니한 것"이라니 더욱 모를 일이다.

물론 부처님이나 보살들이나 조사스님에게 집착하지 말라는 뜻이며, 경전의 가르침에 미혹하지 말라는 뜻이기는 하다. 그러나 부처님이나 보살들이나 조사스님이나 경전의 말씀에 좀 집착하면 어떤가. 제발 부처님이나 보살들이나 조사스님이나 경전의 말씀에 목을 매달고 집착하는 사람들이라도 있었으면 하는 것이 이 필자의 비원이다.

25

무 연 선 교 착 여 의
無緣善巧捉如意

무연無緣의 훌륭한 솜씨[善巧]로 여의주如意珠를 잡아서

인연이 없는 중생에게까지도 큰 자비를 베푸는 가장 뛰어나고 훌륭한 자비를 무연無緣자비라 한다. 그와 같이 무연선교란 어떤 일에도 장애가 없고 걸림이 없는 훌륭한 솜씨로 여의주를 마음대로 가져서 자신의 것으로 삼는다는 의미이다. 여의주란 본래 모든 사람이 다 같이 가지고 있는 구슬이다. 특별히 가지려고 하지 않아도 이미 잘 사용하고 있는 것이다. 만약 여의주가 없다면 어찌 이와 같이 글을 읽고 쓰고 할 수 있겠는가. 그래서 무연無緣의 훌륭한 솜씨[善巧]로 여의주를 잡아서 잘 사용하고 있게 된 것이다.

이 진 여 성 연 기 지 무 연   착 출 가 중 무 상 지 여
以眞如의 **性緣起之無緣**으로 **捉出家中**의 **無相之如**

의   시 명 선 교 기 선 교 본 비 기 량 소 도   회 마
意일새 **是名**이 **善巧**라 **其善巧**는 **本非伎倆**의 **所到**니 **會麼**아

강 상 만 래 감 화 처　　어 인 피 득 일 사 귀
江上晚來堪畵處니 漁人披得一蓑歸로다

진여眞如의 성품연기인 무연無緣으로써 집안에 있는 형상 없
는 여의주를 끄집어내는 것이기에 이 이름이 '훌륭한 솜씨[善
巧]'이다. 그 '훌륭한 솜씨'는 본래 기량伎倆의 미칠 바가 아니
니 알겠는가?

"강물 위에 저녁이 되니 마치 그림 같은데 뱃사공은 한 벌
도롱이만 입은 채 돌아오도다."

본래 내 집안에 여의주가 있다는 사실을 아는 것이 '훌륭한 솜씨
[善巧]'이다. 그래서 진여의 성품연기가 되는 것이다. 저절로 조작 없
이 되는 것이요, 어떤 재주나 재능을 사용하여 여의주를 얻는 것이
아니다. 재주나 재능을 사용하여 얻은 것이라면 어찌 뜻대로 되겠
는가.

26

<ruby>歸<rt>귀</rt></ruby><ruby>家<rt>가</rt></ruby><ruby>隨<rt>수</rt></ruby><ruby>分<rt>분</rt></ruby><ruby>得<rt>득</rt></ruby><ruby>資<rt>자</rt></ruby><ruby>粮<rt>량</rt></ruby>

歸家隨分得資粮

집에 돌아가서 분수 따라 양식을 얻는다.

만약 집에만 돌아간다면 달리 양식을 구할 필요가 없다. 집에는 본래로 육바라밀과 십바라밀과 사무량심과 사섭법과 인의예지仁義禮智 등이 다 갖춰져 있기 때문이다. 그러나 선병禪病이 든 사람이라면 반드시 이렇게 말하리라. "배가 고프면 산나물이나 캐어 먹고, 목마르면 흐르는 물이나 떠서 마시고, 팔을 베고 누워서 늘어지게 잠이나 한잠 자면 그것으로 족하다. 그것이 분수를 따라서 양식을 얻는 소식이다."라고.

歸家活計는 本無奇特이니 但以本地風光으로 得本來

閑田地면 足伊家活計라 其所謂資粮은 三十道品이 即

시
是어니와

집에 돌아가서 살아갈 방법이란 본래 별다른 것이 없으니, 다만 본지풍광本地風光으로써 본래의 노는 땅을 얻었다면 그 집의 살아갈 방법이란 족한 것이다. 이른바 양식이란 것은 삼십도품三十道品이 바로 이것이다.

본지풍광本地風光이란 본래면목本來面目이라고도 하는데 자기 심성心性의 본모습을 형용하는 선어禪語이다. 모든 사람들의 심성에는 본래로 한량없는 공덕과 자비와 지혜가 내재되어 있어서 별다른 양식을 구하지 않더라도 살아갈 방법은 훌륭하다. 육바라밀과 십바라밀과 사무량심과 사섭법과 인의예지 등도 본래로 내재되어 있다.

삼십도품三十道品이란 삼십칠도품三十七道品 또는 삼십칠조도품三十七助道品을 간략하게 일컫은 말이다. 상좌부불교에서 열반의 이상경理想境에 나아가기 위하여 닦는 도행道行의 종류이다. 사념처四念處 · 사정근四正勤 · 사여의족四如意足 · 오근五根 · 오력五力 · 칠각분七覺分 · 팔정도八正道 등을 말한다.

기반갈장 　 한부화 　 열승량 　 유십마소식 　수
飢飯渴漿하고 寒附火하며 熱乘凉엔 有什麼消息고 雖

연 　 종과득과 　 종과득과 　 일승청정법계 　 하득
然이나 種瓜得瓜요 種果得果니 一乘淸淨法界에 下得

종자 　 기무현담분 　 　 속도 　 장인송객처 　 억
種子ㄴ댄 豈無玄談分이리오 速道하라 長因送客處하야 憶

득별가시
得別家時로다

　배가 고프면 밥을 먹고 목이 마르면 장漿을 마시며, 추우면
불 쬐고 더우면 바람을 쏘이니 무슨 소식이 있는가. 비록 그러
나 오이를 심어 오이를 얻고 과일을 심어 과일을 얻는 것이니,
일승一乘의 청정법계淸淨法界에 종자를 내린 이상 어찌 현묘한 이
야기[玄談]거리가 없겠는가. 얼른 말해 보라.

　"언제나 나그네를 전송하던 곳으로 인하여 집 떠나 있던 때
를 추억하도다."

　이것은 선객들이 걸핏하면 하는 말이다. 중생들의 고통을 모르
는 선병禪病이 든 사람들의 전유물이다. 또 현묘한 이야기[玄談]거리
만을 즐기다 보면 선시禪詩나 읊조리고 선문답禪問答이나 주고 받

172

으면서 인아상人我相을 다투는 일로 세월을 다 보내고 만다.

27

이 다 라 니 무 진 보
以陁羅尼無盡寶

다라니의 다함없는 보배로써

다라니陁羅尼란 총지摠持 · 능지能持 · 능차能遮라고 번역한다. 무량무변한 뜻을 지니고 있으며 모든 악한 법을 버리고 한량없이 좋은 법을 가지는 것이다. 그래서 다라니는 곧 다함이 없는 보배가 된다. 다함이 없는 보배란 또 여의주며 심주心珠다. 부처가 되고 보살이 되어 무한한 지혜와 자비로써 한량없는 중생들을 제도하는 일도 이 다함이 없는 보배를 풀어서 하는 것이다.

자 개 보 장　　부 재 불 계　　부 재 생 계　　부 재 정 계
這个寶藏은 不在佛界하고 不在生界하며 不在淨界하고

부 재 염 계　　일 일 원 명　　일 일 교 철　　요 식 총 지 법
不在染界하야 一一圓明하며 一一交徹하니 要識摠持法

계　무 진 묘 보 마　　이 간 십 이 시 중　　우 성 우 색　　　우
界의 無盡妙寶麼아 你看十二時中하대 遇聲遇色하고 遇

174

역우순   방지부종타득
逆遇順하야 方知不從他得하리라

이 보배의 창고는 부처님세계에 있는 것도 아니고, 중생세계에 있는 것도 아니며, 청정한 세계에 있는 것도 아니고, 오염된 세계에 있는 것도 아니어서, 하나하나가 다 원명圓明하며 하나하나가 다 서로서로 사무쳐 있다. 총지법계總持法界의 다함없는 미묘한 보배를 알고자 하는가?

"그대가 24시간 중에 소리를 만나고, 사물을 만나며, 거슬림을 만나고, 순함을 만나는 데서 볼 뿐이요, 바야흐로 다른데서 얻는 것이 아님을 알리라."

진정한 보배창고라면 부처님세계에도 있고, 중생세계에도 있고, 청정한 세계에도 있고, 오염된 세계에도 있어야 한다. 이 보배창고인 총지법계의 다함없는 미묘한 보배란 어디 있으며 무엇인가? 매일매일 보고, 듣고, 냄새를 맡고, 말을 하고, 춥고 더운 것을 알고, 웃을 일이 있으면 웃고 울 일이 있으면 우는 바로 그 사실이다.

28

장 엄 법 계 실 보 전
莊嚴法界實寶殿

법계의 실다운 보배궁전을 장엄한다.

　본래로 법계의 실다운 보배궁전인데 달리 또 장엄할 일이 있겠는
가. 그러나 다라니의 다함이 없는 보배로써 다시 실다운 보배궁전
을 장엄하는 것은 화엄의 안목으로 본 세계는 본래로 중중重重 중
중 중중하고 무진無盡 무진 무진하기 때문에 그 사실을 더욱 분명
하게 드러내고자 함이다.

인 다 라 망　　영 상 호 참　　중 중 무 진　　불 인 장 엄
因陁羅網이 影像互祭하야 重重無盡하니 不因莊嚴하며

불 인 수 증　　본 래 구 족　　본 래 원 성 고　　운　　실
不因修證하대 本來具足하며 本來圓成故로 云하대 實이라

　　우 운　　자 개 실 자　부 득 동 착　　동 착　　즉 화 생
하고 又云하대 這介實字는 不得動着이니 動着하면 則禍生

이라하니라

인드라그물은 그림자와 형상이 서로 참여하여 거듭거듭 다함이 없으니, 장엄하는 것을 인因하지 않고 닦아 증득함을 인하지 않되 본래 구족하며 본래 원만히 이룬 까닭에 "실답다."라 하고, 또한 "이 실자實字는 건드릴 수 없는 것이니 건드리면 화禍가 생긴다."라고 하는 것이다.

인드라망[因陁羅網]은 또는 제망帝網이라고도 하는데 제석천의 궁전을 장엄하게 덮고 있는 보배그물이다. 낱낱의 그물코마다 보배구슬을 달았고, 그 보배구슬의 한 개 한 개마다 각각 다른 낱낱의 보배구슬의 영상影像을 나타내고, 그 한 보배구슬의 안에 나타나는 일체 보배구슬의 영상마다 또 다른 일체 보배구슬의 영상이 나타나서 중중무진重重無盡하게 되었다고 하는데 사람을 위시하여 우리가 사는 세계와 저 드넓은 우주까지 모두가 그와 같은 형식으로 존재하고 있다는 것을 표현한 비유다. 그것만으로도 훌륭한데 달리 또 장엄하고 닦아서 증득할 일이 있겠는가.

29

<ruby>窮<rt>궁</rt></ruby> <ruby>坐<rt>좌</rt></ruby> <ruby>實<rt>실</rt></ruby> <ruby>際<rt>제</rt></ruby> <ruby>中<rt>중</rt></ruby> <ruby>道<rt>도</rt></ruby> <ruby>床<rt>상</rt></ruby>
窮坐實際中道床

궁극에는 실제實際의 중도상中道床에 앉았으니

앞에서 "행자行者가 본제本際로 돌아간다."는 말이 있었다. 실제
는 무엇이며 본제는 무엇이며 중도는 무엇인가. 우리는 무시이래
로 한 번도 이 본제와 실제와 중도를 떠나 있어 본 적이 없다. 처
음부터 그 자리에 앉았고, 중간에도 그 자리에 앉았고, 궁극에도
그 자리에 앉았다. 그 자리에 앉은 이가 누구겠는가. 다만 본래
그 사람일 뿐이다. 본래 그 사람을 또 무어라고 이름을 지어 부를
것인가.

참고로 사전적인 해석을 소개하면 '본제本際'란 근본 구경의 맨 끝
이며 진여나 열반의 다른 이름이다. '실제實際'는 진여법성眞如法性을
말한다. 이는 온갖 법의 끝이 되는 곳이므로 실제라 하며, 또는 진
여의 실리實理를 증득하여 그 궁극窮極에 이르므로 이렇게 이름한
다. '중도中道'는 복잡한 해석이 있지만 천태종은 실상實相을 뜻하
고, 화엄종은 법계法界를 중도라 한다.

심입법성해　요무구경처　　고　운　궁
深入法性海하야 **了無究竟處**ㄹ새 **故**로 **云**하대 **窮**이라하고

파단요진　　불통범성　　고　운　좌　　무진무
把斷要津하야 **不通凡聖**일새 **故**로 **云**하대 **坐**라하고 **無眞無**

망　불속유위　　고　운　실　　일체범성　용
妄하야 **不屬有爲**ㄹ새 **故**로 **云**하대 **實**이라하고 **一切凡聖**이 **容**

신무지　고　운　제
身無地ㄹ새 **故**로 **云**하대 **際**라하니라

깊숙이 법성의 바다에 들어가 더 이상 다다를 데가 아주 없기 때문에 '궁窮'이라 하고, 요긴한 나루터를 차단하여 범부와 성인에 통하지 않게 하였기 때문에 "앉았다."라 하고, 진眞도 없고 망妄도 없어서 유위有爲에 속하지 않기 때문에 '실實'이라 하고, 일체의 범부와 성인이 몸담을 데가 없기 때문에 '제際'라고 한 것이다.

　궁·좌·실·제窮坐實際를 한 자 한 자 해석하였다. 선禪의 안목으로 보면 어떤 글자도 어떤 낱말도 모두가 원융무애하고 융통자재해서 풀리지 않는 뜻이 없다.

환작일물   부득동착지위중   삼승오성   상상
喚作一物하야 **不得動着之謂中**이요 **三乘五性**이 **常常**

이천지위도   구경평상   불용안배지위상
履踐之謂道요 **究竟平常**하야 **不用安排之謂床**이라

그리고 어떤 것[一物]이라고 불러서 건드릴 수 없음을 '중中'
이라 하고, 삼승三乘과 오성五性이 끊임없이 밟아 감을 '도道'라
하고, 궁극에 평상平常하여 안배安排를 쓰지 않음을 '상床'이라
고 한 것이다.

또 중·도·상中道床을 한 자 한 자 해석하였다. 삼승三乘이란 성
문승·연각승·보살승에 대한 세 가지 교법敎法을 말한다. 승乘은
물건을 실어 옮기는 것을 목표로 함으로 부처님의 교법을 중생을
실어 열반의 언덕에 이르게 하는 데 비유하였다.

성문승은 사제四諦의 법문이니, 부처님이 말씀하시는 소리를 듣
고 이를 관하여 해탈을 얻는다. 연각승은 12인연의 법문이니, 스
승에게 가지 않고 스스로 잎이 피고 꽃이 지는 따위의 이치를 관하
여 깨닫는 것이다. 보살승은 육바라밀의 법문이니, 보살은 이 법문
을 실천하여 스스로 해탈하고 남을 해탈케 하여 부처를 이루는 가
르침이다.

오성五性은 오성각별五性各別로서 유식종에서 중생의 성품에는 선천적으로 보살정성菩薩定性·연각정성緣覺定性·성문정성聲聞定性·삼승부정성三乘不定性·무성유정無性有情의 오종구별이 있다는 것을 들었다.

수 연　　임 마 화 장 세 계　　이 염 청 정　　기 유 여 차
雖然이나 任麼華藏世界는 離染淸淨이어든 豈有如此

상 량　　약 유 여 차 상 량　　쟁 도 금 일　　약 무 상 량
商量이리오 若有如此商量인댄 爭到今日하며 若無商量인댄

십 보 법 계　　향 십 마 처　　출 생
十普法界가 向什麼處하야 出生고

비록 그러하나 이러한 화장세계華藏世界는 물듦을 여의어서 청정하거늘 어찌 이와 같은 헤아림이 있으리오. 만약 이와 같은 헤아림이 있을진댄 어찌 금일에 이르렀겠으며, 만약 헤아림이 없을진댄 십보법계十普法界는 어떤 곳을 향하여 출생하는가.

화엄경에서는 사람이 사는 가장 이상적인 세계를 화장장엄세계라 한다. 모든 사람들이 정직하고 선량하여 육바라밀을 닦고 사섭

법과 사무량심을 실천하고 인의예지를 생활화하기 때문에 어디를 가나 아름다운 꽃으로 장엄한 것과 같은 세상이라는 뜻이다. 마음은 텅 비어 아무런 계산이나 사량분별이 없다. 그래서 오늘과 같은 완전무결한 삶을 누리는 것이다.

左手로 拍一下하고 云하대 佛事門中에 不捨一法이라하고

右手로 拍一下하고 云하대 不見一法이 即如來라하노라 還

會麼아 大千沙界는 海中漚요 一切聖賢은 如電拂이로다

　왼손으로 한 번 치고는 이르되 "불사佛事 문중에서는 한 법도 버리지 않는다."라고 하고, 오른손으로 한 번 치고는 이르되 "한 법도 보지 않음이 곧 여래다."라고 하노니, 도대체 알겠는가.

　"삼천대천세계는 바다 가운데 물거품이요, 일체의 성현들은 번개가 번쩍함과 같도다."

치문緇門에 "실제이지實際理地에는 불수일진不受一塵이나 불사문중佛事門中에는 불사일법不捨一法이니라."라고 하였다. 즉 "진리의 땅에는 먼지 하나 받아들이지 않지만 불사를 하는 입장에는 그 어떤 한 가지 법도 버리지 않는다."는 뜻이다. 그래서 이치는 현상을 따라서 무한한 변화를 일으키고 현상은 이치를 얻어서 융통자재하게 된다. 무엇이든 조화가 중요하다. 편협과 치우침은 아름다운 삶이 되지 못한다.

또 증도가에 "불견일법즉여래不見一法即如來니 방득명위관자재方得名爲觀自在라"고 하였다. 즉 "한 법도 보지 않음이 곧 여래이니, 비로소 이름을 관자재보살이라"고 하는 것이다. 설잠스님은 여기까지 이야기하다가 문득 다시 중도가를 인용하여 "삼천대천세계는 바다 가운데 물거품이요, 일체의 성현들은 번개가 번쩍함과 같도다."라고 하였다. 중생세계니 기세계니 성인들의 세계니 하는 것이 모두 공허한 언어에 불과한 것이요, 그 무엇도 실체는 없다는 뜻이리라.

30

<ruby>舊<rt>구</rt></ruby><ruby>來<rt>래</rt></ruby><ruby>不<rt>부</rt></ruby><ruby>動<rt>동</rt></ruby><ruby>名<rt>명</rt></ruby><ruby>爲<rt>위</rt></ruby><ruby>佛<rt>불</rt></ruby>

舊來不動名爲佛

예로부터 움직이지 아니한 채 그 이름을 부처라 한다.

　궁극적 입장에서 보면 본래부터 누구나 실제實際의 중도상中道床
에 앉은 것이 된다. 그렇다면 그 누군들 본래부터 일체의 수행도 깨
달음도 필요로 하지 않은 채 부처가 아니겠는가. 시간적으로 1분
1초도 떠나 있지 아니했으며, 공간적으로 1밀리도 떠나 있지 아니
한 사실이다.

　화엄경 여래출현품에서 "그때에 여래께서 장애가 없는 청정한 지
혜의 눈으로 법계의 일체 중생들을 두루 살피시고 이렇게 말씀하셨
다. '신기하고 신기하여라. 이 모든 중생들이 여래의 지혜를 다 갖
추고 있건만 어리석고 미혹하여 알지 못하고 보지 못하는가. 내가
마땅히 성스러운 도로써 그들로 하여금 망상과 집착을 영원히 떠
나고 자기의 몸 가운데서 여래의 광대한 지혜가 부처님으로 더불
어 다름이 없음을 보게 하리라.'" 10)라고 하였다.

　존재의 실상과 사람의 실상을 분명하게 깨달은 성인들은 모두
이와 같이 말씀하였다. 어찌 성인이 두 가지 말을 하겠는가.

안 태 교　　이 육 즉　　판 원 교　　불 소 위 일 체 중 생
按台教는 **以六即**으로 **判圓教**하대 **佛所謂一切衆生**이

개 유 불 성　 유 불　　무 불　　 성 상　 상 주　　 종 천
皆有佛性은 **有佛**커나 **無佛**커나 **性相**이 **常住**하야 **從淺**으로

지 심　　위 위　　 불 이　　명 불
至深히 **位位**가 **不二**를 **名佛**이라하니라

　상고하니 천태교天台敎는 육즉六即으로써 원교圓敎를 판석判釋하
되 부처님이 이른바 "일체 중생이 다 불성이 있다."함은 부처
님이 있든 부처님이 없든 성품과 형상이 상주常住하여 낮음으
로부터 깊음에 이르기까지 지위와 지위가 둘이 아님을 "부처
님"이라 이름하였다.

　육즉六即이란 천태종에서 원교圓敎의 수행상의 계위階位를 6단으
로 나눈 것이다. 이 6단은 사람의 수행상에서 미오迷悟의 차별이 있
음을 표시한 것일 뿐이요, 수행의 대상인 실상實相의 이치에서는 미
·오가 둘이 아닌 것이므로 육즉이라 한 것이다. 1. 이즉理即이란

---

10) 爾時如來가 以無障礙淸淨智眼으로 普觀法界一切衆生하고 而作是言하사대 奇哉奇哉
라 此諸衆生이 云何具有如來智慧언마는 愚癡迷惑하야 不知不見고 我當教以聖道하야
令其永離妄想執着하고 自於身中에 得見如來廣大智慧가 與佛無異케호리라하시니라.

불성진여佛性眞如를 갖추고서도 알지 못하여 아무런 수행도 하지 않고 생사에 윤회輪廻하는 지위이다. 2. 명자즉名字卽은 일체가 모두 부처인 것을 교시敎示하였지만 내 몸이 곧 부처라는 것을 이름으로만 아는 지위이다. 3. 관행즉觀行卽은 처음 관지觀智로 10승관법乘觀法을 닦으면서 겸행육도兼行六度와 정행육도正行六度 등의 수행으로써 조성助成하여 원묘圓妙한 이치와 상응하는 지이다. 5품위品位에 해당한다. 4. 상사즉相似卽은 수행의 공을 쌓아서 진지眞智와 비슷한 지혜를 내는 지위이다. 원교 십신의 지위에 해당한다. 5. 분진즉分眞卽은 또는 분증즉分證卽이라고도 하는데 1분씩 무명을 파하고 1분씩 본유本有의 불성을 증현證顯하는 지위이다. 원교의 십주十住・십행十行・십회향十廻向・십지十地・등각等覺의 41위에 해당한다. 6. 구경즉究竟卽은 본유의 불성 전부가 나타나 끊을 혹惑도 없고 증득할 지혜도 없는 구경원만한 지위이다. 묘각위妙覺位에 해당하는데 곧 불과佛果이다. "예로부터 움직이지 아니한 채 그 이름을 부처"라 하거늘 왜 이와 같은 설명을 덧붙이는가.

본도총수론　비여유인　재상　입수　몽중　회
本圖總髓論은 **比如有人**이 **在床**에 **入睡**하야 **夢中**에 **回**

행삼십여일　　교후　방지부동재상　　유종본법
行三十餘馹이라가 **覺後**에 **方知不動在床**하야 **喩從本法**

성　　경삼십구　　환지법성　지일부동　고　운
性으로 **經三十句**하야 **還至法性**히 **只一不動**일새 **故**로 **云**하대

구래부동　불
舊來不動인 **佛**이라하니라

　본도本圖의 총수론總髓論은, 마치 어떤 사람이 침상에서 잠이
들어 꿈속에 30여 역을 돌아다니다가 깨고 나서 비로소 움직
이지 아니한 채 침상에 있었음을 아는 것과 같이 처음의 법
성法性으로부터 30구句를 거쳐 다시 법성法性에 이르기까지 단
지 하나로서 움직이지 아니하였음을 비유하기 때문에 "예로
부터 움직이지 아니한 채 그 이름을 부처라 한다."라고 한 것
이다.

　설잠스님이 본도本圖의 총수론總髓論이라고 한 것은『법계도기총
수록法界圖記叢髓錄』을 일컫는 말이다. 편자는 미상이고 고려시대에
편찬되었다. 줄여서 총수록이라 한다. 의상스님의 화엄일승법계도

에 대한 신라시대의 주기註記들을 모아 정리한 책이다. 그 내용의 일부를 이끌어 왔는데 왜 "예로부터 움직이지 아니한 채 그 이름을 부처라 한다."라고 했는가를 설명하였다.

본각本覺이 곧 시각始覺이고 시각이 본각에서 벗어나지 아니하였다. 진심과 망심은 서로 사귀어 사무쳐 있다. 그래서 범부의 마음에서 부처의 마음을 본다. 범부의 마음을 떠나서 어디서 부처의 마음을 찾겠는가. 또 사람 사람들이 본래 갖춘 근본지혜에서 부처님의 지혜를 구한다. 미혹하고 어리석은 보통 사람들을 떠나서 달리 어디서 부처님을 찾을 것인가.

그래서 법계도는 구불구불 여러 바퀴를 돌고 돌아도 끝내는 본래의 자리로 돌아오게 그려졌다. 법계도가 이렇게 그려진 이 이치만 제대로 알면 화엄경의 근본을 아는 것이며, 법계도를 아는 것이며, 법성게를 아는 것이 된다. 마음과 부처와 중생, 이 셋은 차별이 없다 하지 않던가.

그래서 "어떤 사람이 침상에서 잠이 들어 꿈속에 30여 역을 돌아다니다가 깨고 나서 비로소 움직이지 아니한 채 침상에 있었음을 아는 것"이다. 우리 모두가 본래부터 차별이 없는 참사람이지 어찌 다른 사람이 있겠는가. 자신을 두고 다른 무엇을 찾는 일은 자신의 머리를 두고 다시 머리를 찾는 일이다.

연   설원설돈   이명   현불   촉범   당두   부
然이나 說圓說頓하야 以名으로 現佛은 觸犯이 當頭니 不

득명위구래부동불   막유이교망갈등   쇄조사현
得名爲舊來不動佛이라 莫有離教網葛藤하야 碎祖師玄

관자마   청도장래   여무   자도거야   (양구운)
關者麼아 請道將來하라 如無인댄 自道去也하리라 (良久云)

설진산운해월정   의전불회공추창
說盡山雲海月情이어늘 依前不會空惆悵이로다

법계도종
法界圖終하다

그러나 원圓이니 돈頓이니 설하여 이름으로써 부처님을 나타
냄은 잘못을 범하였음이 뚜렷하다. "예로부터 움직이지 아니
한 채 그 이름을 부처라 한다."라고 한 것만 못하다. 누구든 교
망敎網과 갈등葛藤을 여의고 조사의 현묘하고 깊은 관문을 부술
사람은 없는가? 청컨대 한마디 일러 보라. 만약 없다면 내가
스스로 말해 버리겠다.

잠자코 있다가 이르되, "산과 구름과 바다와 달의 정취情趣를
남김없이 설하였거늘 여전히 알아듣지 못하고 부질없이 시무
룩하게 있구나."라고 하겠다.

법계도法界圖 서문과 주해를 마치다.

　부처님을 설하고 진리를 설하고 참사람을 설하는데 원교로써 나타내고 돈교로써 나타내었지만 비슷할지는 몰라도 그 또한 가짜다.

　선문禪文에는 '잠자코 있는' 양구良久라는 말이 자주 등장한다. 그렇게 묵묵히 있음으로써 모든 뜻과 깊은 의미를 다 표현한 것이다. 동작을 하거나 말을 하는 것은 제2구나 제3구에 떨어지는 것이 된다. 유마거사가 불이법문不二法門을 침묵으로 드러냈으며 설잠스님도 마지막에는 침묵으로 법계도의 깊은 뜻을 다 표현하였는데 아는 사람이 없는 것 같아서 "산과 구름과 바다와 달의 정취情趣를 남김없이 설하였거늘 여전히 알아듣지 못하고 부질없이 시무룩하게 있구나."라고 섭섭한 감정을 나타내었다. 부질없이 시무룩하게 있든 기쁘게 웃고 있든 언제나 그 사람이 그 사람이다. 조금도 걱정할 것이 없다.

2018년 10월 1일

신라 화엄종찰 금정산 범어사

如天 無比

如天 無比

1943년 영덕에서 출생하였다. 1958년 출가하여 덕흥사, 불국사, 범어사를 거쳐 1964년 해인사 강원을 졸업하고 동국역경연수원에서 수학하였다. 10여 년 선원생활을 하고 1976년 탄허 스님에게 화엄경을 수학하고 전법, 이후 통도사 강주, 범어사 강주, 은해사 승가대학원장, 대한불교조계종 교육원장, 동국역경원장, 동화사 한문불전 승가대학원장 등을 역임하였다. 2018년 5월에는 수행력과 지도력을 갖춘 승랍 40년 이상 되는 스님에게 품서되는 대종사 법계를 받았다. 현재 부산 문수선원 문수경전연구회에서 150여 명의 스님과 300여 명의 재가 신도들에게 화엄경을 강의하고 있다. 또한 다음 카페 '염화실'(http://cafe.daum.net/yumhwasil)을 통해 '모든 사람을 부처님으로 받들어 섬김으로써 이 땅에 평화와 행복을 가져오게 한다.'는 인불사상人佛思想을 펼치고 있다.

저서로『대방광불화엄경 강설』(전 81권),『무비 스님의 유마경 강설』(전 3권),『대방광불화엄경 실마리』,『무비 스님의 왕복서 강설』,『법화경 법문』,『신금강경 강의』,『직지 강설』(전 2권),『법화경 강의』(전 2권),『신심명 강의』,『임제록 강설』,『대승찬 강설』,『당신은 부처님』,『사람이 부처님이다』,『이것이 간화선이다』,『무비 스님과 함께하는 불교공부』,『무비 스님의 중도가 강의』,『일곱 번의 작별인사』, 무비 스님이 가려 뽑은 명구 100선 시리즈(전 4권) 등이 있고 편찬하고 번역한 책으로『화엄경(한글)』(전 10권),『화엄경(한문)』(전 4권),『금강경 오가해』 등이 있다.

무비스님이 풀어 쓴
김시습의 법성게 선해禪解

| 초판 1쇄 발행_ 2018년 10월 15일
| 초판 4쇄 발행_ 2024년 11월 24일

| 찬撰_ 설잠스님
| 강설_ 무비스님

| 펴낸이_ 오세룡
| 편집_ 박성화 손미숙 윤예지 여수령 정연주
| 기획_ 곽은영 최윤정
| 디자인_ 고혜정 김효선 최지혜
| 홍보 마케팅_ 정성진
| 펴낸곳_ 담앤북스
    서울특별시 종로구 새문안로3길 23 경희궁의 아침 4단지 805호
    대표전화 02)765-1251 전송 02)764-1251 전자우편 dhamenbooks@naver.com
    출판등록 제300-2011-115호
| ISBN 979-11-6201-101-0 03220

정가 15,000원